UNIVERSITÉ DE FRANCE.

ACADÉMIE DE STRASBOURG.

ACTE PUBLIC
POUR LE DOCTORAT,

PRÉSENTÉ

A LA FACULTÉ DE DROIT DE STRASBOURG

ET SOUTENU PUBLIQUEMENT

LE SAMEDI 7 JUIN 1862, A MIDI,

PAR

A. MOLL,

AVOCAT A LA COUR IMPÉRIALE DE COLMAR.

STRASBOURG,

IMPRIMERIE HUDER, RUE DES VEAUX, 4.

1862.

UNIVERSITÉ DE FRANCE.

ACADÉMIE DE STRASBOURG.

ACTE PUBLIC
POUR LE DOCTORAT,

PRÉSENTÉ

A LA FACULTÉ DE DROIT DE STRASBOURG

ET SOUTENU PUBLIQUEMENT

LE SAMEDI 7 JUIN 1862, A MIDI,

PAR

A. MOLL,

AVOCAT A LA COUR IMPÉRIALE DE COLMAR.

STRASBOURG,

IMPRIMERIE HUDER, RUE DES VEAUX, 4.

1862.

A MESSIEURS LES PROFESSEURS

DE LA FACULTÉ DE DROIT DE STRASBOURG.

Hommage de mon profond respect et de ma vive reconnaissance.

A. MOLL.

FACULTÉ DE DROIT DE STRASBOURG.

PROFESSEURS.

MM. AUBRY O✻ . . . doyen et prof. de Code Napoléon.
HEPP ✻. . . . . professeur de Droit des gens.
HEIMBURGER . . professeur de Droit romain.
THIERIET ✻. . . professeur de Droit commercial.
RAU ✻ . . . . . professeur de Code Napoléon.
LAMACHE ✻. . . professeur de Droit administratif.
DESTRAIS . . . professeur de procédure civile et de droit criminel.
MUGNIER . . . . professeur de Code Napoléon.
N. . . . . professeur de Droit romain.

MM. LEDERLIN, agrégé.
CASSIN, agrégé.

M. BÉCOURT, officier de l'Université, secrétaire, agent compt.

COMMISSION D'EXAMEN.

MM. LAMACHE, Président de l'acte public.
DESTRAIS,
MUGNIER,
AUBRY,
LEDERLIN,
} Examinateurs.

La Faculté n'entend approuver ni désapprouver les opinions particulières au candidat.

JUS ROMANUM.

DE JUDICIIS

In origine generatim inspectis.

ARGUMENTUM.

DE JUDICIIS

IN ORIGINE GENERATIM INSPECTIS.

Necessarium itaque nobis videtur ipsius juris originem atque processum demonstrare.
Pomponius, Dig. de orig. jur. II. pro.

PROŒMIUM.

I. Amœnissimum est certo antiquitatibus indulgere. Sic enim nos tenent præteritorum gesta sæculorum, juvatque rerum doctrinis adesse orientibus, postea adolescentibus : inde ad eximium, quod ad hoc ævi consecuti sumus, statum, sensim ac pedetentim perduci.

Nec satis ; sed est quoque maximi momenti et ponderis ; nam, oppositis disciplinis quæ naturales nuncupantur, eas quæ dicuntur morales, cognitas quisquis nunquam habebit, nisi primis earum elementis monumentisque prioribus imbutus sit.

Si verum est moralium generatim disciplinarum annales maxime necessarios, ut istæ percipiantur et intelligantur, hoc verius adhuc de jurisprudentia; ea justa nudaque ratione ut quæcumque lex legis prægredientis consectarium extat; aut, si fas dictu, ipsa est hæc prægrediens lex, sed immutata vel temperata, enucleata vel evoluta. Quî ergo fiet ut legem, præmiis quibus orta est ignotis, comprehensam teneat jurisperitus? Iste, ad verbum, legem simul una sciret et non sciret.

2

Quod diximus ad diversas partes romanarum legum corporis accomodatur. Etsi duodecim tabularum sermonem jam non intelligeret Cicero, quippe quoniam perobscura ei erant Ennii carmina, decemvirum leges nihilominus fuerunt romani juris lapides suffundati, sicut Ennius auream litterarum ætatem antecessit. Ea cæterum videtur ipsius Ciceronis sententia et sic cadit in intellectum, quod, nimio duodecim legum amore captus, exclamat: «Fremant omnes licet, dicam quod sentio. Bibliothecas, mehercule! omnium philosophorum unus mihi videtur duodecim tabularum libellus, si quis legum fontes et capita videret, et auctoritatis pondere et utilitatis ubertate superare[1].»

Hæc adhuc eadem sunt hodie de jure gallico, ingenii romani puero; et sapienter dixit recentior ex nostris jurisprudentibus neminem unquam codicem Napoleonem nosse, nisi primum noverit Romanorum jura. Quare caveamus ne fontium scientia neglectui nobis sit!

II. Romanum jus, mirandissimum monumentum postea futurum, infirmum arctumque in principio fuit. Sed ea vere causa, propter quam postea eximium fuit et præcellens, in ipsa imbecillitate invenitur; nam alte cogitavit, qui primum asseruit extensa instituta exigue semper ordiri, atque vicissim illa, quæ mirum in modum repente surgunt, nunquam perennare. Sic ergo Quiritum jus. Nascitur in fasciis, et maturum maximo cum splendore consequitur ævum, quia ejus incrementa evolutionesque sæculis collocantur: additur regula regulæ, edictum edicto; ingenium detruditur ingenio. Aut rectius, homo nil agit, nisi ut

1. De oratore I, 43.

instrumentum. Rerum vis et temporum impetus legem inducunt modo hanc, modo illam; eam consuetudinem antiquam tollit perfectior hominum cultus; hæc immutatio novis postulatur moribus: re quidem ipsa, in instituendo Romanorum jure apparet omnium institutorum et constitutionum conditor, omnis processus auctor, scilicet ipse Deus. Quem fugit Baldi sententia, id est Spiritum Sanctum quoddam edictum in os prætoris immisisse? Quis est ignarus præclarorum sancti Augustini verborum: «Leges romanorum divinitus per ora principum emanarunt?»

Sic lento gradu procedit jurisprudentia. Aliquando diu, multumque dubia, prælongis ambagibus transitis, tandem invalet et stat; interdum obveniunt impedimenta, quæ nimio conatu evertuntur; nihil enim gravius quam rerum statum evertere; nihil asperius est quam inveteratas consuetudines delere; ita ut, Justinianeis constitutionibus cum reipublicæ plebiscitis collatis, non possumus quin, mutato paululum carmine, cum poeta dicamus:

Tantæ molis erat romanas condere *leges*.

III. Ita, inter alia, constitutæ sunt litium formæ et actiones de quarum fonte scrutandi sumus.

Antequam aggrediantur judicia ad hoc inclytum ævum, quo enituerunt quæ dicuntur *ordinaria* vel *per formulam*, inconditi omnino et acerbi totius juris sunt participia. Exprimuntur actiones rudibus maxime et sub tactum cadentibus signis; verbo spiritus opprimitur; forma rem trahit tollitque.

Nempe, hac ætate, inconcinnus est populi cultus, pingues hominum mores, angustus parvusque intellectus, obtusum ingenium. Quapropter decet ex necessitate signa ritusque sensu percipi; necesse est acta juris cum solemni perfici pompa, per quam, oculis et auribus attentis, in animo infixa manent; et hæc causa est cur ex facie extraria tantum legitime constant et vim sumunt.

Sed uno eodemque tempore, hæc juris judiciorumque germina sigillo signantur Romanis proprio. Apparent ab initio et hæc singularis ratio et hæc indoles insolita et hoc unicum archetypum non modo in arce et natura regularum, non modo in earum ingenio, tunc ex civitatis institutionibus notato magis quam ex æquo, verum etiam in figuris et ritu. Dein legum provisio, verborum concinnitas, omnia hæc juri nascenti jam adsunt.

Sed in eo adhuc omnibus temporibus Romani sunt pracipui, quod juridicis studiis se dederint avidissime, quod maxima semper fuerit erga leges eorum pietas et amor et jurisprudentiam in eximio honore habuerint. Juris amore sicut et armorum inter omnes gentes populus romanus notatur; sane ubique gentium reperiuntur leges et bella; ast nullibi talis ardor et cultus. In romanis annalibus adest perpetuo jurisprudens insignis aut legislator cum magno bellatore vel duce heroico: Numa cum Romulo, Augustus cum Cesare, Ulpianus cum Alexandro Severo, denique Tribonianus cum Belizario. Ex quo confectum arcanissima Themidis in lucem prolata fuisse victumque terrarum orbem.

GENERALIA.

I. Nulla est civitas, nisi legibus fulcta, per quas unius cujusque jura et officia ponuntur; nulla, nisi adest potestas, quæ jus labefactum tuendi vim habeat, atque simul officia obligationesque cogendi ut perficiantur præstenturque; nulla denique, nisi sunt judiciorum formæ, quibus jura exponuntur in judicio vel inficiantur officia.

II. Apud Romanos, judiciorum formæ tribus ætatibus pervolventur; tribusque generibus, quæ multum' inter se dissentiunt, dividuntur. Primum genus *legis actionum* nomen habet.

III. Genus apparet deinde, quod *judicia ordinaria* vel *per formulam* nominatur; hoc in inclyto jurisprudentiæ ævo floruit, ipsumque inclytum et mirabile manet.

Sensim legis actiones excipiens, solum stat post legem Æbutiam et leges Julias, quæ legis actiones, in odium lapsas sustulerunt[1]. Indoles, qua a legis actionibus præcipuum, non invenitur in secretione juris et judicii, nam in utroque adest judex cum magistratu; sed in amplo formularum conceptu, quibus omnia facta, acta universa omnesque civilis vitæ eventus consequi licitum fuit prætori: quod antea non erat. In ordinariis judiciis magistratus per formulam actoris petita, rei exceptiones exponit, statuit quod in contentione judicandum sit, judicique aperit munus implendum; omnia hæc in quatuor partibus formulam fingentibus, scilicet demonstrationem, intentionem, condemnationem, adjudicationem.

1. Gaius, com. IV, § 30.

IV. Interdum prætor judicium totum sibi deducebat et ab ipso lis expediebatur. Quod primum fere insuetum, frequentius tandemque fit universale. Nulla autem reperitur lex vel constitutio, qua consecrata sunt extraordinaria judicia. Hoc sola consuetudinis potestate factum, ita ut Justiniano opus tantum fuit consuetudinem ad memoriam revocandi, dicens : hodie omnia judicia sunt ordinaria.

Tertium hoc fuit genus, per quod diu multumque ante Justinianum exclusæ sunt ordinariæ actiones, casibus quibusdam exceptis, in quibus adhuc apparent centumviri. In extraordinariis judiciis nullus judex, civis romanus non est litium particeps, cum magistratu judex confusus. Cæterum situm est prætoribus, præfectis, præsidibus ut judicia minimi momenti et pretii curæ perficiant pedaneis judicibus; tunc autem judicibus istis omnia conficiuntur. Pedaneus nullum accipit mandatum, nullumve præceptum ; magistratus ipse est in suo foro.

His expositis, disserendum est de prima litium forma, generatim exposita. Legis actiones quinque dividuntur modis. Sunt enim sacramentum, judicis postulatio, condictio, manus injectio, pignoris capio? Aliæ ad jus ipsum pertinent, aliæ ad executionem. Dicitur legis actio tantum de ritu qui apud magistratum in jure agebatur. De eo nomine appellabantur illæ actiones vel quod legibus proditæ sunt vel quod legum verbis omnino accomodatæ sunt[1]. Anteaquam singula ordine pandeamus necesse est ut breviter proponeamus magistratus et judices apud quos exercebantur et quo modo.

1. Gaius, com. IV, § 11.

PARS PRIMA.

De judiciaria potestate et forma.

CAPUT PRIMUM.

De magistratibus.

I. Magistratus dicitur apud quem est legis actio. Primus apud quem exercebatur fuit rex; hoc magistratu inerat plena jurisdictio, ut manifestum est ex Ciceronis verbis : «Nec vero quisquam disceptator erat aut arbiter litis, sed omnia conficiebantur judiciis regiis[1].»

Loquitur tamen Pomponius de pontificum collegio et affirmatissime scripsit hoc litibus præfici[2]. Verisimile est regem, instituto pontific[illegible] collegio, quod regnante Numa confectum est, jurisdictionem comisisse. Insuper constat regem magistratum permansisse ut magnum pontificem[3].

Pontificum collegium regiæ potestati superstes fuit et ad eos actiones erant collatæ vel potius ad eum qui privatis præerat[4]. Sic etiam post duodecim tabulas sancitas[5].

1. Cicero, de Repub. V, 2.
2. 2, § 6. Dig. de origine jur.
3. Dyonisius Halic. II, 14.
4. Pompon. 2, § 6, de orig. jur.
5. Ibid. 2, § 5 et 6, ibid.

II. Rex quoque successores in jure dicendo habuit consules, qui idcirco a Tito Livio judices appellantur[1], sicut postea prætor collega consulum.

III. Juris dictio dein prætoribus obvenit. Creatus est prætor fere anno trecentesimo octogesimo septimo post urbem conditam, sive propter multas consulum in bello curas, ut arbitratur Pomponius[2], sive ut existimant alii propter consulatum plebi apertum, sive, quantum conjectura augurari licet, propter utramque causam.

Peregrinis large in urbem confluentibus, necesse fuit ut prætor alter creatus sit, quem peregrinum vocaverunt, dum prior dicitur urbanus. Certe apparet ex Lydo peregrinum anno quingentesimo septimo constitutum fuisse[3].

Ædiles quoque sunt notandi, qui jurisdictionem habebant de publicis venditionibus maxime mancipiorum et animalium et de aliis quibusdam rebus[4].

IV. Cæterum jurisdictio non ita ad cujusque magistratus personam pertinebat, ut cæteri omnino excluderentur. Sic urbanus prætor munus implebat absentis peregrini, vicissim peregrinus urbani. Sic ædiles prætorum loco frequenter jus dicebant, et simili modo prætores ædilium loco[5].

1. Tit. Liv. III, 53. Varro de ling. lat. V, 9.
2. 2, § 27, de orig. jur.
3. De magist. I, 38, 45.
4. 2, § 34, de orig. jur. Pomp. Ulp. 63, de ædilit. edict. Dig.
5. Dio Cassius, LIII, Pompon. 2, § 28, de orig. jur. Dig.

CAPUT SECUNDUM.

De judicibus.

I. Apud auctores certatur an ab initio jam judices fuerint, an jam priscis temporibus sejunctio inter juris dictionis atque judicandi potestatem. Pulchrum hoc dubium quod non facile explicatu videtur. Verisimile tamen est ex quibusdam antiquissimis scriptoribus regem jus simul ac judicium penes habuisse[1].

De judicibus statuit primum lex Pinaria, quæ ante duodecim tabulas lata est, et apud Gaium legimus : «Postea vero reversis dabatur (post diem)[2] — XXX judex, idque per legem Pinariam factum est; ante eam autem legem.... dabatur judex[3].» Deest verbum quod alii putaverunt esse *nundum*, hi *statim* vel *confestim*.

Quidquid id est, certum videtur ex hac lege, magistratum civi qui judex constituebatur, judicandi facultatem munus dedidisse; quod tantum ad sacramentum spectabat, nam condictio ac judicis postulatio necessario dationem judicis amplectuntur. Cæterum, Servio Tullio rege, jam reperiuntur judices, scilicet centumviri[4].

II. Judex, lato sensu, erat multiplex. Judex dicebatur sensu stricto qui unus erat. Hic unus judex tantum ad tempus et ad unam litem mandabatur; lite absoluto judicioque lato, munus habebat finem. Judex in prin-

1. Cicer. de repub., V, 2. Dyonis. IV, 25.
2. *Gœschen*, interpretatio, vide *Pellat* ad Gaii instituta.
3. Gaius, com. IV, 15.
4. Dionys Hal. IV, 25.

cipio senatorius; dabatur in actionibus quæ nominantur stricti juris [1].

III. Arbiter quoque est judex. Sunt autem tres vel unus in eadem causa. Dabantur in actionibus bonæ fidei vel quemdam artem aut scientiam postulantibus; sic Festus: «Arbiter dicitur judex quod totius rei habeat arbitrium et facultatem [2].» Æstimaverunt nonnulli arbitrum in initio plebis fuisse, de quo dubitare licet [3].

IV. Recuperatores quoque judices; semper plures erant in quocunque judicio. Constituebantur autem in actionibus peregrinorum vel in causis Romanorum cum peregrinis, sicut et in publicis negotiis inter civitatem et populos aut reges. Prætor eos confestim dabat in jure, nullo tempore interveniente, ut mos erat de judice et arbitro [4].

V. Centumviri denique judices. Isti semper in officio permanebant, cæteris de quibus locuti sumus exceptis. Populo eligebantur per omnes cives. In quatuor consiliis dividebantur, quibus conjunctis prætor præerat [5]. Agebatur semper apud eos per sacramentum et in his tribus, scilicet status, dominii vel hereditatis petitionibus. Unde ante eos præponebatur hasta, signum justi dominii [6]. Centumvirale tribunal diu mansit et sacramentum non apud illud abrogatum per legem Æbutiam, cum eo multo postea servatum est [7].

1. Gaius comment. IV, § 104, 105, 109. Cicer. de Legibus, I, 21. Polyb. VI, 17.

2. Festus, verbo *arbiter*. Cicer. pro Roscio 4.

3. Vide enim. Plautus. Rudens, III, 4, V. 7, 8.

4. Gaius, IV, 185. Plinus, Ep. III, 20. Plautus. Rudens, V, 1, v. 2. Festus, verbo *reciperatio*. Livius, XXVI, 48.

5. Quintil. Inst. orat. XII. 5, 6. — Plin. Epist. VI. 33. V. 21.

6. Gaius. com. IV, § 16.

7. Dyonis, Hal., IV, 25. Cicer. de oratore, 1, 38. Quintilianus. Inst. orat. IV I, § 57. Gaius, IV, 16.

Decemviri, vigentibus legis actionibus, jam extiterunt[1]. Quod cæterum fuerint perobscurum manet. Postea, Augusto imperatore, centumvirali collegio præerant[2].

Nulla dicenda de triumviris, quatuor viris, quorum munus fere est incognitum[3].

CAPUT TERTIUM.

De litibus ordiendis.

I. Non omni die licebat in jure agere, sed tantum fastis diebus: «Vocantur dies nefasti, ait Varro, per quos nefas fari prætorem *do, dico, addico*; itaque non potest agi; necesse est aliquo eorum verbo uti quum lege quid agitur.» Et sic Ovidius:

Ille nefastus erit, per quem tria verba silentur.
Fastus erit, perquem lege licebit agi. (4)

Dies qui fasti erant occulte pontificos penes erant, sicut jus interpretandi scientia et juris formulæ[5]: omnia hæc pandenunt Flavius, Ælius, Tiberinusque Coruncanius qui primus pontifex fuit.

Jus dicebatur in foro, publice et diu; sol occidens suprema tempestas erat; idciro vidimus apud Plautum.

Omnia iterum vis memorari, scelus, ut defiat dies. (6)

Itaque quum eodem die negotium in jure non fini-

1. Pompon. 2, § 29, de orig. jur. Dig.
2. Sueton. Octav. cap. 36.
3. Vide Pompon. 2, § 30, ibid.
4. Varro, de lingua lat. V. Orid. Fast., V. 47.
5. Ibid. § 6.
6. Rudens, IV, 4, V, 63.

tum est, vadimonium facitur ut certo die iterum in jure sistant [1].

Cives tantum in jure lege agere possunt. Postea jus lege agendi Latinis fuit concessum [2]. De peregrinis, arbitrio prætoris agendi modum constitutum erat.

II. Nemo alieno nomine, casibus quibusdam exceptis, agere potest [3].

Cæterum rudis est actionis forma et prælii instar. Actor in jus vocabat reum et, si opus est, obtorto collo; ast, priusquam vim inferat, testes vocat, reo dicens: licet te antestari [4]. Si testes deficiunt, apparet ex Plauto reum a reo ipso antestari licere [5]. Potest tamen reus vindicem dare, et tum in jus non trahitur [6].

Si reus latitet, conjicere licet pro confesso habitum et actorem in familiam ejus mitti [7].

III. In jure lis exponitur. Necesse est omne verbum accomodari ad legem et sic apud Gaium legitur: «Cum qui de vitibus succisis ita egisset, ut in actione vites nominaret, responsum rem perdidisse est, quia debuisset arbores nominare, eo quod lex XII tabularum ex qua de vitibus succisis actio competeret, generaliter de arboribus succisis loqueretur [8].» Nempe quum actio semel in jure introducta est, perpetuo extinguitur et de eadem causa lege bis agi non licitum.

Prætor ipse rem totam judicat, si res de qua agitur est

1. Gaius, com. IV, § 184, col. cum duodec. tabul.
2. Cicero, pro Coecina, 35.
3. Gaius, com. IV, § 82.
4. Duodecim tabulæ. Horatius Satir. L. 1, 9, v. 76. Plaut. Rudens, III, 6, v. 15.
5. Curcullio, v. 2, v. 25.
6. Duodecim tabulæ.
7. Gaius, com. III, § 78. Cicer. pro Quinto, 19.
8. Gaius, com. IV, § 11.

judicati, æris confessi, manus injectionis aut quarumdam aliarum. In cæteris, expectantur trigenta dies, postquos litigantibus in jure reversis addicitur judex vel arbiter. Conveniunt reus et actor de judice : «neminem, ait Cicero, voluerunt majoris nostri, non modo de æstimatione cujusquam, sed ne pecuniaria quidem de re minima esse judicem, nisi qui inter adversarios convenisset.»[1] Situm est quoque prætori judicem proponere, quem possunt litigantes rejicere[2].

IV. Judex addictus tertio proximo die judicium oriri debet et tunc res dicitur comperendinata. Comperendinatio nihil aliud est quam adversariorum interpellatio tertio die coram judice sistendi[3]. Vadimonium utroque datur judicio sistendi[4]. Demum testes invocantur de omnibus quæ in jure dicta vel facta sunt : hoc est litis contestatio quæ fit his verbis : testes estote[5].

V. Coram judice primum explicatur causa collectione vel conjectione[6]; dein adveniunt orationes, probationes omnis generis, denique litis sententia.

VI. Revertitur quidem ad prætorem, propter executionem judicii, nam solus imperium possidet sicut et jurisdictionem.

Si de in personam juribus agitur executio fit per manus injectionem aut pignoris capionem, ut videbimus. Sin autem de jure dominii, fit executio manu

1. Pro Cluentio. 43. Quintil. Inst. orat. V, 6.
2. Cicero in Verrem, II, 12.
3. Gaius, com. IV, S 15. Asconius in Verrem 2, lib. 1, § 9. Festus, verbo *res*.
4. Macrob. sat. 1, 6.
5. Festus, verbo *contestari*. Aulu Gel. Noct. attic. V. 10.
6. Gaius, com. IV, S 15. Ascon. in Verr. 2, l. 1, S 9.

militari et ille, qui non condemnatus est, rem ipsam obtinet, de qua lis erat : haud sicut postea fieri solitum, id est in actionibus per formulam, quibus judex non in ipsam rem condemnabat, sed in quamdam pecuniam, rei pretium [1].

1. Gaius, com. IV, § 48.

PARS SECUNDA.

De diversis actionum modis.

CAPUT PRIMUM.

De sacramento.

I. Sacramentum antiquissima est litium forma et generale mansit in omnibus causis quæ aliæ actioni non fuerunt specialiter subjectæ. «Sacramenti actio, ait Gaius, generale erat de quibus enim rebus ut aliter ageretur lege cautum non erat, de his sacramento agebatur[1].

Quid autem sacramentum? Sic Festus: «Sacramentum æs significat, quod pœnæ nomine penditur, sive ab eo qui interrogatur, sive ab eo cui contenditur... sacramenti autem nomine dici cœptum est, quod et propter ærarii inopiam et sacrorum publicorum multitudinem, consumebatur in rebus divinis[2].»

II. Uterque litigantium sacramentum deponit ad pontifices[3]. Et quum judex postea judicaturus erit, tantum dicet sacramentum vel actoris vel rei esse justum aut injustum[4]. Is cujus sacramentum justum repetit; cujus injustum amittit; et æs depositum ad ærarium

1. Gaius, com. IV, § 13.
2. Festus, verbo *sacramentum*.
3. Varro, de ling. lat. IV, 36.
4. Cicero. Pro Cæcin. 33. Pro Mil. 27.

pertinet [1]. Sacramentum, ex decemvirali lege, erat quingentis assibus, quum lis assibus mille vel supra; quinquagintis autem, quum lis assibus mille inferior erat seu quum de libertate agebatur [2], etsi homo pretiosissimus sit : quod factum est ne sacramento onerarentur libertatis adsertores [3]. Apud Gaium vidimus magnum sacramentum suo tempore esse centum et vigenti quinque sesterciis, quod quingentis assibus æquiparatur. Asses sacramenti semper in actione nominabantur [4]. Cæterum ulterius sacramentum vere non depositum fuit, ante litem ortum et constitutum; sed cavebatur per prædes sacramenti ut fieret, causa judicata, ab eo cujus injustum [5].

III. Quod antea diximus de in jus vocatione fit in actione per sacramentum, quum dominium petetur, vel jus in re. Nullus est actor, nullus reus; uterque nempe ait rem esse sibi ex jure Quiritium; uterque igitur agit in deponendo sacramento [6]. Sed antea fit manuum consertio et vindicatio per vindictam seu festucam. Et unus ex adversariis dicebat : «Hunc ego hominem (aut hoc dominium) ex jure Quiritium meum esse aio, secundum suam causam, sicut dixit. Ecce tibi vindictam imposui. Namque res si mobilis erat in jure translata erat; si vero non mobilis, prætor ipse cum litigantibus in dominium vadebat; alter litigantium hæc eadem aiebat.» Hoc vocabatur vis civilis et festucaria [7]. Deductio est quum unus adversariorum alterum ite-

1. Ibid. — Gaius, com. IV, § 13.
2. Gaius, com. IV, § 14, 95.
3. Ibid. § 14.
4. Id. Ibid. § 16. Certatur an hic desit verbum an non.
5. Gaius, com. IV, § 13, 16.
6. Ibid. § 16.
7. Aulu. Gel. Noct. attic. XX. 10.

rum rapit de litigioso dominio in jus[1]. Postea autem apparet deductio quæ moribus fit[2], in qua conveniebant vim esse fictam; uterque sine prætore et sine prætoris jussu coram litigioso domino adversarium vocabat, utriusque superstitibus præsentibus[3]; tunc vadebatur in jus et ante prætorem deponebatur pars aut fragmentum litigiosæ rei, quorum fiebat vindicatio, quasi totæ rei præsentis[4]: quod etiam paulatim in desuetudinem cecidit. Prætor manuum consertioni et vindicationi finem dabat, dicens, si verbi gratia de servo vindicando ageretur: «mittite ambo hominem.» Qui primus vindicaverat, alteri: «Postulo, anne dicas, qua ex causa vindicaveris;» hic: «jus peregi sicut vindictam imposui[5].» Tunc solum ad sacramentum provocatio.

Prætor possessor facit, vel, quod idem est, vindicias addicit. Quum possessio seu vindiciæ vero possessori non dantur, dicuntur vindiciæ ab eo abdici[6]. In libertatis causis, prætor secundum libertatem semper vindicias dare debet; sic ex decemvirali lege[7]. Cui in possessione constitutus fuit, necesse est altero sponsores propter rem possessam et rei fructus dandi, qui vocantur prædes litis et vindiciarum[8]. Tunc fiebat litis contestatio et dabatur judex; is cujus sacramentum injustum, causam amittebat, nempe sacramentum sponsio est, cui litis solutionem constringi convenitur.

1. Cicer. Pro Tullio, 20.
2. Cicer. Pro Cæcin. 7, 8, 32.
3. Festus verbo *superstites*.
4. Gaius, com. IV, 17. Aulu Gel. noct. attic. XX, 10.
5. Gaius, com. IV, § 16.
6. Gaius, ibid. Pomp. de orig. jur. 2, § 24.
7. Aulu Gel. noct. attic. XX, 10. Festus, verbo *superstites*.
8. Gaius, ibid.

IV. Jura in personam alio modo persequuntur; quippe in his a principio adest actor, sicut reus; actor scilicet ille qui dicit rem sibi debitam et reum eam debere. Creditor verisimiliter quem contendit debitorem ad sacramentum provocat. Reus debitum negans sane quoque provocat actorem. Post trigenta dies datur judex qui est judex sensu stricto, et solus. Non amplius cæterum novimus de agendi modo. Unus ex nostri temporis jurisprudentibus rem sic agi in jure existimat : actor ait : «quando in jure te conspicio, postulo an fias auctor, qua de re mecum nexum fecisti.» Ad hoc respondetur : «non fio» et iterum actor : «quando negas, sacramente te provoco;» ad quod reus : «quando ais neque negas me nexum fecisse tecum, qua de re agitur, similiter ego te sacramento provoco.»

In sacramento manserunt semper obligationes de damo infecto [1].

CAPUT SECUNDUM.

Judicis postulatis.

I. Actio per judicis postulationem ante duodecim tabulas jam vigebat [2]. Sane inventa est, quia sacramentum nimium strictum esset. In hoc enim dicebatur tantum sacramentum esse justum vel esse injustum, quo eveniebat judicem quod erat in utriusque petita legitimum arbitrare non licere. Sane etiam inventa est, nimios sacramenti ritus removendi causa.

1. Gaius, com. IV, § 31, arg.
2. Vide duodecim tabulæ, quæ jam arbitros notant et ideo judicis postulationem.

II. In illa actione, nullæ enim sacramenti formæ; sed tantum postulatus judex, vel omnibus fere casibus arbiter, quem, ex notis Valerii Probi in quibus leguntur hæc signa J. A. V. P. U. D., petebat actor his verbis: judicem arbitrumve postulo uti des. Existimandum est reum respondisse: similiter ego judicem arbitremve postulo uti des.

III. Sacramentum, ut dictum est, generalis erat actio; judicis postulatio autem exceptio; quare per eam in solis causis statutis agebatur. Illas causas non noscimus omnes, sed generatim has quibus arbitrio opus est et quas judex judicare potest salva fide, ut ait Tullius: «præclarum a majoribus accepimus morem rogandi judicis, si ea rogaremus quæ salva fide facere possit[1].» Igitur ad hanc actionem pertinent bilaterales obligationes.

Sic etiam agitur per eam in tutelæ causis et societatis, mandati, empti et vendidi, conducti locati, in quibus, ait adhuc Cicero: «magni esse judicis statuere quid quemque cuique præstare opportet[2].»

Talibus rationibus agitur quoque judicem postulando in finiis regundis, familia erciscunda, et sane communi dividundo, in aqua pluvia arcenda et certeris ejusdem generis[3].

Sane ergo in hac actione continebantur obligationes faciendi aut non faciendi, sicut et præstandi; sane etiam obligationes dandi, quum res dolo malo periit[4].

1. Cicer. De officiis, III, 10.
2. Id. De offic. III, 17.
3. Duodecim tabulæ.
4. Gaius, com. IV, § 20.

CAPUT TERTIUM.

De condictione.

I. Condictio, duodecim tabulis posterior, lege Silia introducta est in obligationibus certam pecuniam dandi, lege Calpurnia in obligationibus omnem certam rem præstandi[1]. Pecunia est omnis res quæ pondere numero mensurave constat. Certa est res quum ex ipsa pronuntiatione apparet quid, quale, quantumque sit[2].

Apud Gaium reperimus : « quare hæc actio desiderata sit, cum de eo quod nobis dari opportat, potuerimus sacramento aut per judicis postulationem agere, valde quæritur[3]. » Verisimiliter quoque sacramenti delendi gratia.

II. Ad obligationes unilaterales solum spectat, quibus certum ipso facto apparet unum tantum esse creditorem, unum et debitorem ; quibus et certum judicem nihil arbitrare posse, sed reum omnino condemnari vel absolvi opportere.

III. Condictio est, ait Festus, in diem certum ejus rei quæ agitur denuntiatio[4]. Actor reo denuntiabat adesse apud prætorem in trigenta diebus ad judicem addicendum. Hæc ipsa denuntiatio fiebat in jure, nam in jure fiebant, una excepta, cunctæ legis actiones.

Post trigenta dies dabatur judex, qui semper judex unus erat; actiones enim per condictionem stricti juris.

1. Gaius, com. IV, § 19.
2. L. 74. Dig. de verb. oblig.
3. Gaius, com. IV, § 20.
4. Verbo *condicere*. Condicere est dicendo denuntiare.

Fallit nos formula condictionis. Sic forsan agebatur. Actori dicenti: «quum de certa re aut de certa pecunia mihi nexum fecisti quod malo dolo negas, propter quod dicendo denuntio ut in trigenta diebus in jure sistas.» Respondebatur: «similiter dicendo tibi denuntio;» aut nihil respondebatur.

CAPUT QUARTUM.

De manus injectione.

I. Quas intuiti sumus actiones legis ad jura dicenda et recognoscenda pertinent; quas nunc autem spectandi sumus ad jura recognita sive judicata, sive confessa.

Manus injectio executionis vetus erat forma et generalis, sicut sacramentum judiciorum.

II. Agebatur in jure. Debitori judicato vel confesso trigenta dies, inter quos solvere posset, concedebantur. Vocabantur dies justi et erant juris quædam interstitio et cessatio, non in his nihil contra debitorem licebat agi[1]. Non solventem debitorem in jus vocabat actor et eum apprehendens corpore, hæc fatebatur: «quod tu mihi judicatus sive damnatus es (sestercium X millia) quæ dolo malo non solvisti, ob eam rem ego tibi (sestercium X millium) judicati manus injicio[2].» Hæc erat manus injectio.

Non licebat debitori manum sibi depellere et ex eo tempore in jure agere jam non poterat, sed creditori addicebatur, ducebatur in domum ejus et vinciebatur, nisi vindicem præstaret[3].

1. Aulu Gel. noct. attic. XX, I.
2. Gaius, com. IV, § 21.
3. Gaius, ibid.

Sic addicto bis trigenta dies dantur, ut solvat, aut solvant sodales ejus vel propinqui. Qua causa ter in comitium, per tres nundinas, adducitur; et alias publice exclamatur pecunia propter quam addictus est [1]. Si post sexaginta dies non solvitur debitum, addictus fit servus; capite deminutus est; et fas est eum extra Tiberim vendendi aut necandi. Creditorem penes sunt liberi, bona, tota debitoris familia; contra autem extinguuntur jura omnia [2].

III. Postea manus injectio non tantum pro rebus confessis vel judicatis exercebatur, sed pro aliis. Sic dabatur sponsoribus per leges Publiliam et Furiam; tunc aiebat actor: «quod ego pro te sponsu solvi, propter eam rem tibi pro judicato manus injicio [3];» vel si alia est causa, enuntiabatur et simili modo dicebatur: «ob eam rem ego tibi pro judicato manum injicio.» Tunc enim injectio nomen habebat pro judicato, quia rebus judicatis (et confessis) æquiparabatur [4].

IV. Postea adhuc reperta est manus injectio pura, id est non pro judicato, in quam non aiebat actor: «ob eam rem pro judicato tibi manum injicio,» solum vero: «ob eam rem tibi manum injicio.» Tunc reo manum sibi depellere licebat et pro se lege agere. Sic ex lege Furia testamentaria dabatur adversus eum qui plus ceperat legatorum nomine mortisve causa quam debitum; ex lege Marcia adversus fœneratores [5]. Mox omnis injectio pro judicato, uno excepto casu, pura ha-

1. Duodecim tabulæ.
2. Duodecim tabulæ.
3. Gaius, com. IV, § 22.
4. Id. ibid. § 24.
5. Ibid. § 23.

bita est, quod fit per legem quam crediderunt plerique esse Aquiliam [1]. Et ita legis actio dulcior fit.

Certum insuper videtur jam ante Æbutiam legem creditorem non potuisse occidere debitorem aut vendere.

V. Interdum eveniebat ut reus se judicatum vel confessum vel in casu pro judicato esse aut injectionis puræ negaret : quod novam litem aperiebat. Tunc non mittebatur causa ad judicem, sed prætor ipse judicabat. Hæc prima est origo extraordinariorum judiciorum.

CAPUT QUINTUM.

De pignoris capione.

I. Certabatur inter romanos jurisprudentes an pignoris capio legis esset actio, nempe quia non agebatur per eam in jure [2]. Sed videtur eos generatim pro legis actione illam intuitos [3].

Cæterum pignoris capio in rarissimis casibus exercebatur.

Est autem hæc actio rei mobilis apprehensio, quam debitor repetere valet, sed tantum pecuniam aut rem debitam solvendo.

II. Pignoris capionem introduxerunt mores de quibusdam, de quibusdam autem leges. Tantum in usu erat propter debita publica. Sic propter stipendium dabatur militibus aut propter æs æquestre, vel hordearium æs. Dabatur quoque pro vectigalibus recuperan-

1. Gaius, com. IV, § 25.
2. Gaius, com. IV, § 29.
3. Ibid.

dis publicano; ex lege quam credunt esse Censoriam, atque ex duodecim tabulis adversus eum qui hostiam emiserat nec reddebat pretium et adversus eum qui mercedem non reddebat jumenti locati ut pecunia in sacrificio impensa fuerit[1].

III. Nil prœterea nobis notum de ritu pignoris capionis, nisi ut agebatur certis verbis, presente sicut et absente debitore, dieque nefasto : omnia insueta in cœteris legis actionibus[2].

1. Gaius, com. IV, § 26, 27 et 28.
2. Gaius, com. IV, § 29.

DROIT FRANÇAIS.

DES PRINCIPES GÉNÉRAUX

DE L'APPEL COMME D'ABUS

ENVISAGÉS PRINCIPALEMENT AU POINT DE VUE

DE LA COMPÉTENCE DU CONSEIL D'ÉTAT.

SOMMAIRE DES MATIÈRES.

DES PRINCIPES GÉNÉRAUX

DE L'APPEL COMME D'ABUS

ENVISAGÉS PRINCIPALEMENT AU POINT DE VUE

DE LA COMPÉTENCE DU CONSEIL D'ÉTAT.

> Esse hanc quæstionem de bono et æquo, in quo genere plerumque sub auctoritatis juris scientiæ perniciose erratur.
>
> Paulus, Dig. de verb. oblig. 91. 3.

AVERTISSEMENT.

Le titre de cette thèse indique suffisamment que nous n'entendons point exposer en détail et avec les longs développements qu'elle comporterait l'étude de l'appel comme d'abus. Déjà dans notre dissertation de Droit romain, nous nous sommes borné à faire l'analyse des données générales et certaines que la science a recueillies dans ces derniers temps sur les *actions de la loi*, sans avoir la prétention d'en sonder les profondeurs encore inexplorées, ou d'y porter la lumière dans les points restés obscurs, ou d'en concilier les problèmes contradictoires et différemment résolus.

Après la dissertation approfondie et développée que nous avons présentée au concours des docteurs, et qui est en quelque sorte déjà une épreuve de doctorat, nous avons cru pouvoir aujourd'hui produire, sans inconvénient, devant les mêmes juges, un travail plus restreint, moins complet, et, autant que faire se pouvait, réduit aux proportions de ce qu'était originairement la thèse, c'est-à-dire émettre certaines propositions sur un sujet donné, propositions que le candidat au doctorat doit établir, expliquer et prouver par la soutenance.

Ainsi, c'est au point de vue des principes seulement que nous étudierons notre sujet; mais il ne suit pas de là que nous nous interdisions toute discussion, tout développement; l'étude des principes d'une matière quelconque implique au contraire l'examen sérieux de ces principes: d'où la nécessité de les pénétrer à fond, de les rétablir quand ils ont été écartés, de les faire revivre quand ils ont été méconnus: d'où la nécessité d'entrer dans des développements convenables, et de s'engager dans des controverses plus longues que semble le comporter au premier abord une dissertation de cette nature. Seulement il faut avoir soin de se renfermer dans l'étude des règles fondamentales et de ne point ouvrir le champ de la lutte et des digressions aux questions qui ne sont plus des questions-principes.

D'autres part, ce ne sont pas tant les règles générales de l'appel comme d'abus que nous prétendons exposer, que la compétence du conseil d'État en cette matière. Mais pour bien déterminer cette compétence, il est absolument indispensable de jeter un regard sur tout ce qui se rattache à l'abus, car comment connaître et déterminer les attributions du conseil d'État, si l'on ignore quels actes sont abusifs, quels actes ne le sont pas? Comment fixer la sphère comme la limite de ses pouvoirs, si l'on ne sait d'abord où commence l'abus, où il finit, ce qu'il est, s'il est susceptible ou non de se modifier sous l'influence de certaines circonstances? C'est pourquoi on trouvera exposées les règles générales de l'abus; mais leur étude sera envisagée principalement dans leur rapport avec la juridiction du conseil d'État.

INTRODUCTION.

I. L'appel comme d'abus est sans contredit un des sujets les plus intéressants qui se puissent proposer. Sujet à la fois théologique, philosophique, politique, juridique, historique, il offre, à quelque point de vue qu'on le considère, un intérêt majeur; il aboutit, sous toutes ses faces, à une question de principe : de là cette lutte incessante et sans cesse renouvelée, lutte dont il est impossible de prévoir le terme, qu'il est impossible de circonscrire dans des limites, lutte à laquelle ont toujours pris part et prendront toujours part, dans un sens ou dans l'autre, les champions les plus illustres de l'Église et de l'État.

Et, en effet, ne suffit-il pas d'énoncer le problème pour être immédiatement saisi de son importance et de sa gravité, de ses difficultés et de ses délicatesses? Quel conflit peut être plus grand et plus ardu que le conflit de la puissance spirituelle et de la puissance temporelle? Qui dira avec assurance et certitude à l'une ou à l'autre de ces puissances : Tu n'iras que jusque-là.

Une vérité qu'un esprit sérieux ne contestera pas, c'est qu'un pouvoir légitime, quel qu'il soit, a le droit, comme il a le devoir, de veiller par lui-même à sa conservation, d'assurer son intégrité, de maintenir ses prérogatives. Il est de toute évidence que si ce pouvoir était en certain cas forcé de s'en référer à un autre, soit égal à lui, soit supérieur, soit inférieur, il n'y aurait plus pour lui garantie sérieuse d'existence, ou du moins il ne trouverait plus en lui-même la raison de son existence, ce qui serait un vice constitutif des plus dangereux. Voulez-vous une comparaison : l'homme est protégé dans sa personne et dans ses biens par les lois divines et par les lois humaines ; lui contesterez-vous pour ce motif la légitime défense de soi-même? Lui enlever ce droit, ce serait méconnaître une des lois fondamentales de l'humanité.

L'Église, société religieuse, puissance légitime, possède et doit posséder les moyens nécessaires à son existence ; elle peut demander au pouvoir civil de la protéger ; mais il faut qu'indépendamment de lui, elle ait en elle-même et par elle-même des moyens efficaces de défense. Ces moyens sont analogues à sa nature et à sa mission purement spirituelle, et l'Église seule est juge de leur emploi.

L'Etat aussi est un pouvoir légitime. Il n'est dans sa sphère ni inférieur, ni supérieur à l'Eglise. Toute infériorité ou toute supériorité sont impossibles, par cela même que les deux pouvoirs s'exercent dans un ordre de choses absolument distinct. L'Eglise est omnipotente dans l'ordre spirituel, l'Etat est omnipotent dans l'ordre temporel. Et voilà pourquoi nous n'avons jamais admis et nous n'admettons aucune des deux fameuses maximes : l'Etat est dans l'Eglise, — l'Eglise est dans l'Etat ; maximes à la fois vraies et fausses.

L'Etat, comme l'Eglise, doit puiser en lui-même la source de sa défense. Ainsi que l'Eglise a droit à l'indépendance dans la sphère qui lui est propre, ainsi l'Etat n'est-il pas tenu d'accepter ce qui empiète sur son domaine.

L'indéfectibilité qui, selon la doctrine catholique, appartient à l'Eglise prononçant sur les choses de foi, ne saurait en effet être réclamé pour les actes de ses ministres. Ceux-ci, dans leur zèle ou dans leur ignorance, dans l'obligation de leur conscience ou les inspirations du sentiment du devoir, dans leur naïveté ou leur malice, peuvent, on le conçoit facilement, dépasser les bornes de leur mission, mettre le pied sur le terrain temporel, violer les droits de la puissance civile, léser les intérêts placés sous la sauvegarde de cette puissance. Dans telle circonstance donnée, rien n'établira sans doute que le ministre du culte ait forfait à ses devoirs de prêtre, car qui sondera la conscience humaine? Son acte sera peut-être méritoire devant Dieu, qui jugera son ministre dans la simplicité de son cœur et la bonne foi de son zèle; mais évidemment le pouvoir civil ne doit point rester désarmé, évidemment on ne lui imposera pas de consacrer et de respecter un acte qui lui porte atteinte. Il faut qu'il puisse dire : il y a dans votre fait une attaque contre moi; je me défends contre vous.

Là est la raison de l'appel comme d'abus, et ainsi considéré, on ne peut qu'applaudir au principe de cette institution. Que les parlements en aient parfois abusé, et scandaleusement abusé, il n'importe! Ne sait-on pas que l'abus d'une chose ne prouve rien contre la chose? L'histoire et l'expérience ne sont-elles pas là pour démontrer que plus les abus d'une institution sont grands, plus aussi l'institution peut être grande et respectable, pourvu toutefois qu'elle ne contienne pas nécessairement en elle le germe de ses vices? Que l'on ait donc dénaturé cette institution, si vantée par nos anciens jurisconsultes, que l'on en ait odieusement exagéré les effets et méconnu la nature, encore une fois, il n'importe!

Et l'Église aussi doit la bénir, malgré les injustices qu'elle a pu en ressentir.... Mais c'est une thèse qu'il ne nous convient pas de développer ici. Qu'il nous suffise de dire que l'appel comme d'abus est fils légitime et naturel de nos libertés gallicanes, dont il a été et dont il est encore la principale sanction, et que, dans notre intime conviction, les libertés de l'Eglise de France n'ont pas été une des petites causes qui ont maintenu dans notre pays l'intégrité de la foi catholique, et lui ont toujours assuré le concours des hommes d'État.

Ainsi et au point de vue religieux et au point de vue national se trouve également justifié l'appel comme d'abus. Mais c'en est assez sur ces réflexions, car nous tenons à nous restreindre dans la partie juridique de ce sujet, de l'histoire duquel nous devons cependant esquisser les traits principaux.

II. Il est impossible d'assigner à l'appel comme d'abus une origine précise et déterminée. On pense qu'il n'est pas antérieur au seizième siècle [1]. On ne saurait dire davantage comment il a pris naissance. Est-ce parce que les rois chargèrent les parlements de connaître des infractions aux pragmatiques et aux concordats conclus avec la cour de Rome [2] ? C'est l'opinion générale. Mais peut-être aussi nos rois chargèrent-ils les parlements d'en connaître, parce que ceux-ci, comme juges souverains dans leur ressort, s'étaient déjà investis de la connaissance des appels ecclésiastiques ; c'est possible. Ce qui est certain, c'est qu'au commencement du quatorzième siècle, Durand disait déjà : *actus judicum ecclesiasticorum dicunt esse abusus* : il nomme clairement l'abus,

1. C'est l'opinion de Fevret, de Van Espen, d'Aufrère.

2. Charles VII charge les parlements de veiller à l'exécution de la pragmatique de Bourges. — François Ier les charge de veiller à l'exécution du concordat.

et dès lors il est probable que l'abus avait un juge. A cette époque aussi, les bulles du Souverain-Pontife n'étaient exécutoires qu'après leur vérification et leur enregistrement en parlement. Quoi qu'il en soit, les parlements, une fois en possession des appels ecclésiastiques, élargirent bientôt la sphère de leurs premières attributions et, sous couleur d'abus, attirèrent à eux la connaissance d'une foule de matières purement ecclésiastiques. L'appel comme d'abus dévia de son origine ; ce ne fut plus la juridiction ecclésiastique envahissant le domaine civil ; ce fut le pouvoir judiciaire opprimant l'Eglise et le clergé. Sur les plaintes de l'épiscopat, la lutte s'engagea entre la magistrature et la royauté, qui chercha, mais à peu près en vain, à contenir les appels dans des règles prescrites. L'ordonnance de Villers-Cotterets, l'ordonnance de Blois, l'édit de Melun, d'autres actes royaux nombreux[1] enjoignirent aux parlements de ne plus s'immiscer dans la connaissance des affaires purement spirituelles et de s'en tenir à la répression des infractions aux édits et aux ordonnances, de ne réprimer que les abus notoires ; ils décidèrent en outre que l'appel intenté par les ecclésiastiques ne serait pas suspensif, que les parlements n'auraient point à mettre les parties hors de cour, mais qu'ils auraient à décider qu'il y a abus ou non ; enfin, qu'une amende ordinaire serait prononcée contre l'appelant en cas de désistement, une amende extraordinaire si l'appel soutenu n'avait point abouti, sans que les juges eussent la faculté soit de ne point appliquer l'amende,

1. Villers-Cotterets, août 1539. — Melun, février 1580. — Déclaration d'avril 1571. — Edit de 1606. — Edit de 1610. — Edit de 1666. — Edit de 1695. — Déclaration de sept. 1750, etc., etc.

soit d'en modérer le taux. A toutes ces injonctions, et à d'autres encore, dont le but était de conserver à l'autorité ecclésiastique l'examen en dernier ressort des causes qui n'étaient naturellement que de sa compétence, et de rendre moins fréquents la foule des appels que les parlements provoquaient et qui entravaient à chaque pas l'exercice de la juridiction spirituelle, les parlements résistaient et ils résistèrent jusqu'à la fin.

L'appel comme d'abus, suivant les jurisconsultes du temps[1], avait lieu pour les causes suivantes : l'immixtion de la juridiction ecclésiastique dans le temporel et le civil, ce qui était devenu une cause purement nominale; la contravention aux décrets et canons, libertés et priviléges de l'Eglise gallicane ; la violation des concordats, édits, déclarations et ordonnances du roi ; la violation des arrêts et règlements des parlements en matière ecclésiastique ; et enfin, disait Pithou, l'infraction de tout ce qui est du droit commun, divin et naturel. On conçoit qu'ainsi défini et circonscrit, l'abus pouvait comprendre à peu près tout ce qu'il plaisait aux parlements de considérer comme tel. C'est ainsi qu'ils s'adjugèrent le droit de censurer les livres touchant la doctrine et la théologie, au détriment de l'autorité épiscopale, et par conséquent aussi de censurer la censure ou l'approbation des évêques touchant la doctrine contenue dans ces livres[2]. Ainsi s'immiscèrent-ils dans la dispensation des sacrements, enjoignant au clergé de les accorder

1. Pithou, art. 79, des libertés. — Fevret, de l'abus, t. 1, p. 13. — Jousse, l. 1, ch. 6, t. 1.

2. L'édit de 1666, art. 14, défendit aux parlements de censurer ce qui concernait la doctrine.

ou de les refuser, suivant les règles qu'ils prescrivaient[1]. Nos rois, comme nos anciens jurisconsultes, voulaient qu'il n'y eût d'appel que dans le cas d'abus notoire et manifeste[2]. Les parlements conclurent à rebours que l'abus existait par cela seul que le pécheur n'avait pas péché publiquement et notoirement. Le coupable avait droit aux sacrements et à la sépulture ecclésiastique; le refus constituait une injure à son égard[3]. Enfin, en matière de discipline, il n'y a pas un acte dont ils ne s'étaient arrogé la connaissance suprême, se constituant juges entre les inférieurs et les supérieurs ecclésiastiques.

Le protestantisme, une fois reconnu en France, ne put donner lieu à l'appel comme d'abus; car il n'eut jamais un droit de juridiction quelconque, ni une puissance spirituelle qui pût jamais être en opposition avec les lois de l'Etat; les abus de ses ministres étaient des actes de simples citoyens qui tombaient sous le coup de la loi commune.

Du reste, l'abu s n'était pas seulement le fait d'un ecclésiastique, c'était tout aussi bien le fait des laïques contre les juges ecclésiastiques et contre leur autorité. Ces appels furent rares; les ministres de l'Eglise, dit Fleury, se défiaient de la justice des parlements.

Toute personne qui se trouvait lésée avait ainsi le droit d'appellation ; mais le procureur général, en raison de l'intérêt public qui s'y rattachait, était toujo urs partie principale.

1. La déclaration du 10 septembre 1756 leur défend d'ordonner que les sacrements soient administrés.

2. Fevret, de l'abus, liv. I. chap. 1, n° 5. — De Marca, *de concordia sacerd.*, liv. IV, ch. 20.

3. Ce refus ne donnait pas lieu à une déclaration d'abus, mais à une poursuite ordinaire.

III. Tel fut l'appel comme d'abus jusqu'à la Révolution. Celle-ci, en renversant les parlements, le modifia nécessairement. On sait que l'Assemblée constituante ne voulut plus de magistrature, mais seulement des juges, et qu'elle ne créa que des tribunaux de district. Les appels comme d'abus leur furent dévolus et furent assimilés aux procès ordinaires. Les causes d'abus furent, du reste, les mêmes que précédemment. On y ajouta, en vertu de la constitution civile du clergé, le refus d'institution canonique de la part du métropolitain, et à son défaut, du plus ancien évêque de l'arrondissement, ou d'un évêque quelconque[1]. Devons-nous dire qu'un tel état de chose ravalait et ne protégeait pas la religion catholique.

IV. Enfin, le premier consul, comme complément et corollaire du culte catholique que le concordat avait reconstitué, rétablit non plus l'appel comme d'abus, mais leur recours dans les cas d'abus. C'était appeler la chose par son nom. Les articles organiques en attribuèrent la connaissance au conseil d'Etat. Et l'on fit bien, car, quoi qu'on ait dit, les juges naturels de l'abus ne sont pas les magistrats judiciaires. L'abus a un caractère à la fois politique et administratif qui appelait logiquement d'autres juges. Que les parlements, qui étaient des corps politiques aussi bien que judiciaires, en aient été investis, on le comprend; on comprendrait plus difficilement que les cours impériales le fussent aujourd'hui. De plus, comme le disait fort bien Portalis: «Dans les causes ecclésiastiques, il est des conve-

1. Loi du 15-24 novembre 1790.
Voy. Dal. culte, n° 231, un jugement du tribunal de Moulins qui prononce l'abus.

nances à consulter et des moments à saisir pour juger convenablement ces causes ; il faut souvent peser les temps et les lieux ; il faut pouvoir user d'indulgence et de sévérité, suivant les circonstances ; rien n'est si délicat que la direction des choses qui tiennent à la conscience et à l'opinion. Le gouvernement doit avoir entre ses mains tout ce qui peut influer sur l'esprit public ; il ne doit point abandonner aux autorités locales des objets sur lesquels il importe qu'il y ait unité de conduite et de principe ; souvent on est forcé de décider entre les ministres du culte et les magistrats séculiers ; ceux-ci seraient alors juges dans leur propre cause, s'ils pouvaient prononcer sur les bornes de la juridiction spirituelle et ecclésiastique ; de là vient que, même lorsque la connaissance des appels comme d'abus appartenait aux cours de justice, ces cours en étaient saisis, *omisso medio*, parce qu'elles étaient censés représenter immédiatement le souverain et parce qu'on les présumait au-dessus des jalousies et des passions particulières. C'est ramener l'appel comme d'abus à sa véritable institution que d'en faire ce qui n'aurait jamais dû cesser d'être, le recours direct au gouvernement lui-même [1]. »

Toutefois l'ancienne législation avait ceci de remarquable, qu'elle voulait que les appels fussent jugés en la grand'chambre des parlements, qui était composée tant de conseillers clercs que de conseillers laïques, et Pithou exaltait la sagesse de cette composition : « Est très-remarquable, disait-il, la singulière prudence de de nos majeurs en ce que telles appellations se jugent, non par personnes pures layes seulement, mais par

1. Dicours et rapports, p. 209.

la grand'chambre du parlement, qui est le lict et le siége de justice du royaume, composée de nombre égal de personnes, tant ecclésiastiques que non ecclésiastiques[1].» Ce n'est pas que nous pensions, qu'il soit dans la nature de l'abus et qu'il soit rigoureusement logique de lui donner à la fois des juges civils et ecclésiastiques, car nous faisons dériver la raison de l'appel comme d'abus du droit qu'à l'Etat de se protéger lui-même. Et cependant ce sont là des questions mixtes et il serait toujours à désirer que les questions de cette nature fussent jugées par les tribunaux mixtes. C'est ainsi que la constitution de 1848, en établissant un tribunal des conflits entre la juridiction judiciaire et la juridiction administrative, l'avait composé d'un nombre égal de conseillers d'Etat et de conseillers à la cour de cassation, sous la présidence du ministre de la justice. Pourquoi n'en serait-il pas ainsi dans les matières ecclésiastiques? Pourquoi les questions d'abus, qui sont des questions à la fois civiles et religieuses ne seraient-elles pas portées devant un tribunal où l'élément civil et l'élément religieux fussent également représentés? Y aurait-il un danger pour l'indépendance de l'Etat à en confier la connaissance à un conseil composé d'évêques et de conseillers d'Etat, sous la présidence du ministre des cultes? L'expérience du passé ne le prouve nullement.

1. Art. 8. Des libertés.

CHAPITRE PREMIER.

Du principe de la compétence du conseil d'État.

I. On vient de voir que nous énoncions comme une proposition non douteuse la compétence du conseil d'État en matière d'abus. C'est qu'en effet c'est un point qui ne présente de doute ni pour nous, ni dans la pratique ; mais il est demeuré à l'état de controverse dans les écrits de quelques jurisconsultes et dans les considérants de plusieurs arrêts émanés de cours impériales. Et comme l'opinion qui enlève au conseil d'État la connaissance des abus n'est pas sans quelque raison sérieuse ou du moins spécieuse, comme aussi une jurisprudence erronée, quelque invétérée qu'elle soit, ne devrait jamais être acceptée par le juriste, il faut démontrer que c'est avec raison que le conseil d'État, soutenu par la cour de cassation, les a conservés dans sa juridiction.

II. L'art. 6 de la loi du 18 germinal an X, connue sous le nom d'articles organiques du concordat qui fut conclu le 26 messidor an XI, attribue au conseil d'État les recours en cas d'abus. Mais postérieurement un décret du 25 mars 1813, relatif à l'exécution du concordat de Fontainebleau changea cet état de choses par une de ses dispositions ainsi conçue : « Nos cours impériales connaîtront de toutes les affaires connues sous le nom d'appel comme d'abus, ainsi que de toutes celles qui résulteraient de la non-exécution des lois des concordats. » Postérieurement encore, une ordonnance royale du 20 juin 1814, qui rétablit le conseil d'État, dont la charte n'avait pas fait mention, lui rendit la connaissance des recours.

Cela étant, on faisait le raisonnement suivant : si c'est une loi, la loi de germinal qui a attribué au conseil d'État le jugement des abus, c'est un décret ayant force de loi qui en a investi postérieurement les cours impériales. Ce décet, dit-on, a force de loi, n'ayant pas été attaqué devant le Sénat pour inconstitutionalité; il abroge donc la loi de germinal. Quant à l'ordonnance royale, elle ne pouv.it déroger à un décret ayant force légale, puisque la charte sous l'empire de laquelle elle a été rendue ne préjugeait pas la constitutionalité des actes royaux jusqu'à la décision d'une autorité qui n'avait point reçu une semblable mission et qui, à vrai dire, n'existait plus dans nos institutions politiques.

L'argument, dans sa dernière partie, est parfaitement exact; oui, une ordonnance royale eût été impuissante à abroger un décret impérial, qui eût eu force de loi.

Mais précisément est-il vrai que sous l'empire de la constitution de l'an VIII, un décret illégal non attaqué devant le Sénat fut l'équivalent de la loi : grave et délicate question qui n'est point encore résolue d'une manière satisfaisante.

Nous n'ignorons pas que la jurisprudence, s'étayant du motif précité, refuse d'infirmer la valeur de ces décrets, et toutefois il nous paraît, du reste, difficile et même impossible de leur reconnaître d'une façon absolue la puissance législative. Il faudrait au moins distinguer entre eux : que ceux qui ont disposé législativement sur des objets nouveaux, sur des matières non encore réglementées, aient été maintenus, soit! non pas que nous leur accordions l'existence législative, par cela seul qu'ils n'ont pas été annulés comme inconstitutionnels; mais, comme il y aurait eu, à l'arrivée de la Restauration, un trouble funeste, un cahos regrettable, si ces décrets avaient été subitement annulés de fait, par la seule circonstance du changement de gouvernement, on peut les reconnaître comme valides, en vertu de la célèbre loi *Barbarus Philippus* et de la règle salutaire qu'elle consacre : *error communis facit jus.*

Mais ainsi n'en va-t-il pas pour les décrets qui sont contraires aux dispositions d'une loi. Admettre, sous un régime représentatif et constitutionnel, qu'un décret puisse modifier la loi et que les tribunaux soient liés par lui, c'est à la fois déchirer le pacte fondamental et envisager sous un faux aspect les droits et les devoirs du magistrat. C'est déchirer le pacte fondamental, puisque c'est reconnaître au pouvoir exécutif la puissance législative. C'est se faire une idée erronée des droits des tribunaux, car c'est un principe élémentaire que la constitution et la loi obligent seules les juges, comme aussi les citoyens. Les décrets, les arrêtés, les ordonnances, les actes réglementaires, de quelque autorité qu'ils émanent, empereur, ministre, préfet, maire, n'ont de force obligatoire que quand ils sont rendus en conformité de la loi. Il n'y a aucune différence à établir, pas plus aujourd'hui que sous la constitution de frimaire, entre des arrêtés du maire, par exemple, et des décrets impériaux, par la raison que chacun, dans sa sphère, exerce ses fonctions au même titre, de par la même autorité, et que les fonctions de l'un comme de l'autre sont définies par la constitution ou par la loi. Or, on ne soutiendra pas qu'un arrêté de maire pris illégalement eût obligé les tribunaux, jusqu'à ce qu'il eût été annulé par le Sénat.

Quand donc les juges se trouvent en présence d'une loi et d'un décret contraire à cette loi, ils doivent appliquer la loi et décider, au moyen de leur pouvoir d'interprétation, que le décret n'est pas rendu conformément à la loi.

Pourquoi, au surplus, veut-on reconnaître la vertu législative aux décrets du premier Empire et du Consulat? Parce que, dit-on, la constitution chargeait le Sénat de les annuler, et que tant que cette annulation n'avait pas eu lieu, ils étaient réputés constitutionnels. C'est là argumenter quelque peu à la légère et résoudre d'ailleurs la question par la question. Et d'abord, la conséquence que l'on tire du pouvoir de cassation du Sénat n'est pas légitime, car de ce que le Sénat ait eu le droit général d'annuler tout ce qui lui était déféré comme inconstitutionnel, il ne s'en suit pas, ce semble, que les autres autorités n'aient pas eu un pareil pouvoir dans l'action de leur sphère spéciale. Sans doute, il en serait autrement si la constitution de l'an VIII eût positivement réputés constitutionnels les décrets impériaux jusqu'à leur annulation par le Sénat, ou bien encore, si, comme elle le faisait pour les décrets du Corps législatif, elle eût fixé un délai dans lequel les décrets impériaux pussent être attaqués devant le Sénat par les pétitions des citoyens. Car alors on eût été averti que le décret non attaqué ou non annulé était censé légalement rendu, comme on était averti que la loi contre laquelle il n'y avait pas eu de recours dans les dix jours était constitutionnelle.

Mais ce que la constitution consulaire établissait pour les décrets du Corps législatif, elle ne l'établissait pas pour les décrets du pouvoir exécutif; elle ne parlait même point de ces décrets; elle disposait en ces termes : «Il maintient ou annule tous les actes qui lui sont déférés comme inconstitutionnels par le tribunal ou par le gouvernement [1].»

On voit que sa formule était vaste et générale, embrassant non-seulement les actes du pouvoir législatif et du pouvoir exécutif, mais tous les actes possibles; on voit aussi qu'elle n'était point exclusive, en ce sens qu'elle n'enlevait pas aux autres autorités une compétence qui leur était naturelle.

Ainsi, supposons qu'un conseil de préfecture, se transformant en cour de justice, ait prononcé des peines criminelles. C'eût bien été là un acte inconstitutionnel, puisque un des fondements de la constitution était la séparation de l'ordre judiciaire et de l'ordre administratif; le Sénat eût été compétent pour annihiler cette intrusion dans le domaine de la justice répressive; mais pense-t-on que sa compétence aurait eu pour effet d'empêcher l'action de la justice ordinaire? Pense-t-on que celle-ci n'eût pas eu le droit de passer outre, déclarant elle-même que la décision intervenue, étant inconstitutionnelle, ne pouvait la lier? Ou bien qu'un tribunal civil se soit ingéré dans des mesures administratives, qui aient finalement reçu, si l'on veut, la consécration de la cour de cassation, croira-t-on qu'en l'absence d'un acte infirmatif du Sénat, il y eût obstacle pour l'autorité administrative d'agir sans tenir compte de l'usurpation judiciaire.

Depuis 1789, il n'est plus vrai de dire, comme on le fait cependant, qu'il n'y a que deux pouvoirs : le pou-

1. Art. 21.

voir législatif et le pouvoir exécutif qui comprend le pouvoir judiciaire. Que cette distinction soit exacte en pure théorie, soit! mais elle est juridiquement fausse, depuis que les actes constitutionnels ont donné au pouvoir judiciaire une existence entièrement distincte et indépendante du pouvoir exécutif. Et ainsi reconnaître la validité des décrets inconstitutionnels, ce serait consacrer l'empiétement de la puissance exécutive, non-seulement sur la puissance législative mais encore sur la puissance judiciaire.

Il reste démontré que les décrets n'ont pu abroger une loi ou y déroger. Et quant aux ordonnances de Louis XVIII, ce qui fait leur force, c'est qu'elles confirment la loi, sans laquelle elles seraient sans valeur; car nous pensons aussi que les ordonnances royales ont été impuissantes à modifier les décrets contenant des dispositions législatives, et qui, par exception, doivent être regardés comme constitutionnels, ainsi que nous l'avons vu.

III. On a, de plus, argumenté de la charte de 1814, qui déclarait qu'à l'avenir nul ne pouvait être distrait de ses juges naturels. On considérait la législation de l'Empire comme une législation anormale, inique, uniquement subordonnée à des circonstances et à des nécessités politiques. Et la charte, disait-on, avait implicitement coupé court à cette situation, en mettant fin à l'existence des juridictions exceptionnelles[1]. Est-il besoin de réfuter à fond cette argumentation, après avoir établi que l'autorité judiciaire n'était point, en effet, naturellement et logiquement compétente? Est-il besoin de démontrer qu'en pareille matière la compétence naturelle existe là où la place le législateur?

1. Voy. not. Nancy, 2 février 1828.

C'est donc avec raison que le conseil d'Etat a maintenu sa compétence et la cour de cassation décliné la sienne, pendant tout le cours de la Restauration et du gouvernement de Juillet[1].

IV. Aujourd'hui, du reste, il n'y a plus de difficulté sérieuse possible. Le décret du 18 février 1852, portant règlement intérieur du conseil d'Etat, dispose[2] que les recours pour abus seront portés à l'assemblée générale du conseil d'Etat. Cette disposition ne se présente sans doute que sous la forme d'une règle de procédure; mais elle n'en consacre pas moins implicitement la jurisprudence antérieure, et, de plus, elle la consacre législativement; car le décret du 18 février, rendu pendant la dictature, a force de loi, en vertu de l'article final de la constitution qui nous régit.

CHAPITRE II.

Des actes abusifs dont la connaissance de la compétence appartient au conseil d'État.

I. Les actes qui constituent l'abus et qui relèvent du conseil d'Etat sont énumérés par l'art. 6 de la loi de germinal, ainsi qu'il suit:

1. Cons. d'Et., 24 mars 1819, 7 avril 1819, et naturellement tous les arrêts par lesquels le conseil d'Etat a statué sur l'abus. — Cassat., 25 août 1827, 28 mars 1828, 18 février 1836, 26 juillet 1838, 12 mars 1840, 20 décembre 1842. — Paris, 20 janvier 1824. — Metz, 5 janvier 1827. — Rouen, 7 octobre 1828. — Limoges, 28 janvier 1840. — Orléans, 11 juin 1840. — Agen, 27 février 1840. — Montpellier, 21 décembre 1840. — *Contra:* Nancy, 2 février 1828, etc., etc.

2. Art. 13, § 2.

«Les cas d'abus sont : l'usurpation ou l'excès de pouvoir, la contravention aux lois et règlements de l'Etat, l'infraction des règles consacrées par les canons reçus en France, l'attentat aux libertés, franchises et coutumes de l'Eglise gallicane, et toute entreprise ou tout procédé qui dans l'exercice du culte peut compromettre la sûreté des citoyens, troubler arbitrairement leur conscience, dégénérer contre eux en oppression ou en injure ou en scandale public.»

L'article suivant ajoute :

«Il y aura pareillement recours, s'il est porté atteinte à l'exercice public du culte et à la liberté que les lois et règlements garantissent à ses ministres.»

Voilà les textes qui régissent, quant au fond, la matière de l'abus et qui en déterminent les cas. Le premier comprend les actes abusifs émanés des ministres du culte; le second, les actes abusifs dirigés contre eux; nous nous occuperons d'abord des premiers.

II. Toutes les causes d'abus énumérées par l'art. 6 se résument en une seule, l'usurpation ou l'excès du pouvoir; les autres peuvent être considérées comme l'indication des cas les plus fréquents, indication n'ayant aucun caractère limitatif, puisque les faits abusifs non prévus spécialement sont implicitement et nécessairement renfermés dans l'usurpation ou l'excès de pouvoir; car, en dehors du pouvoir usurpé ou excédé, on ne conçoit pas la possibilité d'un abus.

L'usurpation, c'est l'immixtion dans des actes étrangers aux attributions sacerdotales. L'excès suppose le pouvoir dont on dépasse les bornes.

L'usurpation et l'excès de pouvoir existent soit que le ministre du culte empiète sur les droits du temporel, sur l'État proprement dit, soit qu'il s'immisce dans ceux des autorités et des corps constitués, soit qu'il inquiète ceux des simples citoyens, soit enfin que, sans léser aucune prérogative étrangère, il sorte des limites de ses fonctions et accomplisse, en tant que prêtre, des actes auxquels son caractère ne l'autorise point à se livrer.

Toutes les fois donc qu'un fait ne paraîtra abusif, ni parce qu'il viole les canons reçus en France, les libertés de l'Eglise gallicane, les lois de l'empire, ni parce qu'il compromet la sûreté des citoyens, trouble et scandalise leur conscience, il y aura encore lieu d'examiner si, en lui-même, il ne constitue pas un excès ou une usurpation de pouvoir.

Or, on comprend qu'il y a là un écueil toujours subsistant. Car il faut admettre en droit public comme en droit privé que ce qui n'est pas défendu est en général permis; on comprend dès lors que dans la pratique les questions deviendront délicates et brûlantes et que bien souvent il sera difficile d'affirmer l'usurpation ou l'excès, alors qu'il n'y aura pas violation d'une loi formelle et positive de l'État.

Ainsi les évêques ont le droit d'adresser aux fidèles des mandements, des lettres pastorales; mais quels sujets peuvent-ils traiter dans ces écrits? Ce droit est-il limité aux matières spirituelles ou s'étend-il aux matières mixtes? Problème épineux en fait, car incontestablement, dès qu'un intérêt spirituel est en jeu, les évêques ont le devoir de le sauvegarder, bien qu'il soit entremêlé d'intérêts civils ou politiques, entrelacé de questions temporelles. Néanmoins le conseil d'Etat a pu juger à juste titre qu'il y avait abus de la part d'un évêque qui, sous forme de mémoire adressé à ses collègues dans l'épiscopat, s'était permis la critique d'une loi régissant les séminaires, leur comptabilité, les mesures fixées pour leur conservation [1]. L'abus consistait, non dans la critique d'un acte de l'autorité publique, critique contenue dans un mémoire au roi, mais dans l'envoi public de ce mémoire aux évêques, en ce que l'auteur, agissant lui-même comme évêque, avait eu pour but de provoquer un concert de leur part et de rendre sa protestation commune à tout l'épiscopat : fait qui devait être considéré comme un excès ou même une usurpation de pouvoir, cet appel à ses collègues n'étant en aucune façon contenu dans les attributions de l'évêque.

Il a également été décidé, par deux fois, qu'il y a abus (et c'est un abus par excès) dans la critique d'actes gouvernementaux ou la demande de changements et d'améliorations concernant le temporel des églises, au moyen de mandements ou de lettres pastorales, les lettres pastorales et les mandements étant étrangers à des objets de ce genre et de pareilles réclamations ne devant être adressées qu'aux dépositaires du pouvoir civil [2]. L'abus existe, parce que l'évêque excède ses pouvoirs, bien qu'il ne contrevienne à aucune loi et n'empiète sur les droits d'aucune autorité [3].

L'évêque qui prononce une interdiction *a sacris* n'est jamais censé excéder ses droits et on ne pourrait point se pourvoir contre sa décision, sous prétexte qu'il a agi

1. Cons. d'Et. 4 mars 1835.
2. Cons. d'Et. 10 janvier 1824. — Id. 24 mars 1837.
3. On voit qu'il n'est question que de remontrances, telles que tout citoyen a le droit d'en adresser au gouvernement ; mais s'il s'agit d'une critique directe et véritable, il y a violation de la loi. Art. 204 du Code pénal.

légèrement ou arbitrairement. La raison en est que le conseil d'Etat, comme nous le dirons, n'est pas compétent pour entrer dans une discussion purement canonique. L'interdiction, disent les motifs des ordonnances, est une peine canonique, dont l'application fait exclusivement partie des attributions épiscopales [1].

Pareillement, il n'y a pas d'abus dans la suppression par un curé d'une congrégation établie dans sa paroisse [2].

Au contraire, il y a excès de pouvoir de la part d'un vicaire capitulaire qui pendant la vacance du siége archiépiscopal, agissant comme official et en l'absence des autres vicaires généraux, prononce sur une décision émanée d'un évêque suffragant [3]. Effectivement, la loi ne reconnaît point la juridiction de l'officialité; mais elle dispose d'un côté que les archevêques connaîtront de l'appel des actes de leurs suffragants, et de l'autre que, pendant la vacance des siéges métropolitains ou diocésains, les vicaires capitulaires auront la direction des affaires [4]. C'était donc aux vicaires capitulaires et non à l'un d'eux, agissant comme official, qu'il appartenait de connaître de la décision épiscopale.

Du reste, si, comme on l'a dit, tout acte abusif est toujours une usurpation ou un excès de pouvoir, il est à peu près impossible qu'il ne rentre pas dans une des autres causes d'abus prévues par les articles orga-

1. Cons. d'Et. 9 mai 1838. — Id. 19 février 1840. — Id. 23 juillet 1840. — Id. 24 juillet 1845. — Id. 27 mai 1846.

2. Cons. d'Et. 28 mars 1831.

3. Cons. d'Et. 2 novembre 1835.

4. Combinez les art. 15, 36 et 38 de la loi de germinal et les art. 5 et 6 du décret du 28 février 1810.

niques, surtout dans la contravention aux lois et règlements de l'empire.

III. C'est là la seconde cause génératrice des abus. Il ne s'agit point évidemment des infractions aux lois de droit commun, qui lient indistinctement tous les citoyens, mais de celles-là seulement qui sont relatives au culte et que des ecclésiastiques ont seuls la possibilité d'enfreindre, en tant qu'ecclésiastiques. Le législateur a eu surtout en vue les rapports de l'Eglise et de l'Etat, ainsi que la police extérieure des cultes. C'est ce qui semble résulter du rapport de Portalis au premier consul : «Quand on dit qu'on ne peut contrevenir aux lois sans abus, cela ne doit et ne peut s'entendre que des lois qui concernent les prêtres dans l'exercice de leur ministère.»

On verra d'ailleurs ultérieurement ce qu'il faut penser de la violation des lois ordinaires commise par les ministres du culte.

C'est parce qu'il y a infraction aux lois et règlements de l'Etat sur des matières à l'occasion desquelles le prêtre agit comme prêtre que l'on a déclaré abusive la levée d'un corps, sans l'autorisation préalable d'inhumation donnée par l'officier de l'état civil[1], ou l'inhumation faite sans cette même autorisation[2]; la célébration du mariage religieux avant celle du mariage civil[3]; l'examen de la validité du mariage par l'autorité religieuse[4].

1. Montpellier, 12 juillet 1841. — Défense de lever le corps sans l'autorisation de l'officier de l'état civil : décret du 4 thermidor, art. 13.

2. Cassat. rej. 29 décembre 1842.

3. Cons. d'Et. 2 décembre 1830, 3 décembre 1818. — Cassat. rej. 29 décembre 1842.

4. Cons. d'Et. 14 juin 1810.

De même, le conseil d'Etat a dû proclamer comme entachés d'abus les mandements contenant publication d'un bref ou d'une bulle non revêtus de l'approbation du gouvernement et non enregistrés en conseil d'Etat[1]; ou des actes émanés d'un évêque, et accomplis en vertu de pouvoirs qu'il prétendait lui avoir été secrètement communiqués par le Pape[2].

Il faut ajouter à cette liste d'abus tous les faits qui constituent une violation aux injonctions ou aux défenses faites aux ecclésiastiques par les lois du culte et particulièrement par la loi du concordat : telle serait la publication des décrets des synodes étrangers, même ceux des conciles généraux; telles, la tenue d'un concile national ou métropolitain sans la permission du gouvernement, la nomination d'un étranger à des fonctions ecclésiastiques sans l'agrément du chef de l'Etat. Il faut y ajouter l'établissement d'une nouvelle fête religieuse sans autorisation; l'établissement d'une cérémonie en dehors des édifices consacrés au culte dans les villes où il y a différents cultes[3]; les modifications apportées sans l'autorisation et l'intervention du gouvernement à la constitution d'un chapitre[4]; le défaut de résidence de l'évêque dans son diocèse[5].

Ce serait encore la destitution d'un curé par l'évêque,

1. Il n'importe pas que le bref soit valable en lui-même : Cons. d'Et. 23 décembre 1820.

2. Cons. d'Et. 16 mars 1812.

3. Loi du 18 germinal an X, art. 3, 4, 32, 41, 45. — Plusieurs dispositions de cette loi sont tombées en désuétude et semblent abrogées : telles, l'obligation des curés de prêter serment entre les mains des préfets, la défense faite aux évêques de sortir de leur diocèse sans l'autorisation du gouvernement.

4. Art. 33, même loi. Cons. d'Et. 6 avril 1857.

5. Art. 20, même loi.

les curés étant inamovibles[1] ; il en est autrement de celle des desservants et des vicaires, qui, d'après l'art. 31 de la loi de germinal, sont toujours révocables au gré de l'évêque[2].

Il y a aussi contravention aux lois et par conséquent abus dans le fait de la part d'un évêque d'imposer aux curés, avant leur installation, une renonciation à se pourvoir devant l'autorité civile et compétente dans le cas où il jugerait convenable de les révoquer pour des causes graves et canoniques[3].

Les provocations séditieuses contenues dans un mandement ou dans un sermon constituent sans doute une violation de la loi commune ; cependant cette violation est faite dans des conditions et avec des circonstances qui ne peuvent se rencontrer que dans la personne d'un prêtre, et d'ailleurs la loi elle-même en fait un crime ou un délit ecclésiastiques. Elles constituent donc aussi un abus qui est de la compétence du conseil d'Etat. Nous verrons toutefois que telle n'est point la jurisprudence de la cour de cassation, qui ne voit point d'abus dans ces actes, mais seulement un crime ou un délit ordinaire.

IV. Le troisième cas d'abus se rencontre dans l'infraction des règles consacrées par les canons reçus en France. Si l'on prenait cette disposition à la lettre, il s'en suivrait une intrusion scandaleuse du pouvoir civil dans le domaine spirituel. Que l'Etat ait la noble ambition d'être le protecteur de l'Eglise, c'est fort bien ; mais encore ne peut-il pas substituer à l'action de l'E-

1. Cons. d'Et. 14 juillet 1824, 6 avril 1857.
2. Cons. d'Et. 28 octobre 1829, 16 janvier 1816.
3. Cons. d'Et. 6 avril 1857.

glise sa propre action. L'abus n'existe, ne doit exister que s'il y a atteinte portée au temporel ou aux intérêts qui se placent sous l'égide du temporel. On conçoit aussi que le conseil d'Etat, qu'on ne peut transformer en académie de théologie, ne saurait être compétent pour décider si tel canon est ou n'est pas reçu en France et quelle est la doctrine qu'il renferme; encore une fois, ce serait absorber complétement le pouvoir ecclésiastique; ce serait séculariser l'Eglise. Il ne faut comprendre dans l'abus dont il est ici question que l'infraction aux règles des canons qui, réglementant surtout la discipline, ont été consacrées par la jurisprudence des parlements et font ainsi partie de la législation ecclésiastique. Et c'est dans la contravention à cette législation, plutôt que dans la violation des canons, que consiste l'abus. Quant à ces derniers, s'ils sont relatifs à des points de doctrine et ne se rattachent qu'à des rapports spirituels, le conseil d'Etat est absolument incompétent pour en connaître.

V. En quatrième lieu, il y a abus dans l'attentat aux libertés, franchises et coutumes de l'Eglise gallicane.

Les libertés vraiment importantes, celles qui concernent les rapports de l'Eglise et de l'Etat, sont aujourd'hui déposées dans nos lois; et les autres ne paraissent guère susceptibles en fait de motiver un appel, de sorte que cet abus sera toujours accompagné de l'abus pour violation d'une loi de l'Etat.

VI. Enfin il y a abus dans «toute entreprise ou procédé qui, dans l'exercice du culte, peut compromettre l'honneur des citoyens, troubler arbitrairement leur conscience, dégénérer contre eux en oppression ou en injure ou en scandale public.»

Si la formule est large, elle n'est pas moins claire, et il sera presque toujours aisé de décider si tel fait incriminé y rentre ou n'y rentre pas.

Du reste, dans ces cas comme dans les précédents, il n'y a d'abus qu'autant que le fait abusif est un fait ecclésiastique, qu'autant qu'il est commis par un prêtre comme prêtre ; la loi parle d'une entreprise ou d'un procédé *dans l'exercice du culte*. Et par conséquent tel acte qui de sa nature est susceptible d'engendrer l'appel comme d'abus n'y donnera cependant pas lieu, si au moment où il a été accompli, il ne faisait point partie intégrante du ministère sacerdotal.

Ici peuvent se présenter des questions assez délicates sur le point de savoir quels sont les actes qu'il faut considérer comme se rattachant au culte et aux fonctions ecclésiastiques. Nous n'hésitons pas à poser en principe que la présomption est en faveur de l'inhérence au culte, et conséquemment aussi en faveur du prêtre, car cette question sera soulevée presque toujours dans le cas où il y aura lieu à des poursuites judiciaires que devra précéder la déclaration d'abus. Par cela même que l'ecclésiastique a agi en vertu de son ministère, l'acte est censé, jusqu'à démonstration contraire, faire partie du culte, car on peut dire que le prêtre est *en possession* et la possession fait toujours présumer le droit. On doit ainsi désapprouver l'arrêt de la cour de cassation jugeant qu'il n'y a pas abus dans l'acte d'un prêtre qui avait réuni plus de vingt personnes pour procéder à des exercices religieux [1]. Il est évident ou du moins il nous paraît tel que le motif qu'une pareille cérémonie n'était pas autorisée n'est pas légi-

1. Rej. 22 avril 1843.

time. Il est certain que le prêtre se trouvait dans l'exercice du culte ; et cette circonstance seule suffit, ainsi que nous le dirons, pour provoquer l'appel, comme aussi elle doit couvrir et protéger le prêtre jusqu'à la proclamation de l'abus. La cérémonie, bien que non autorisée, peut parfaitement être contenue dans la liturgie.

Aussi est-ce avec raison que la chambre correctionnelle de la cour d'Orléans a rendu une décision contraire à celle de la cour de cassation dans un arrêt parfaitement motivé et concernant un ministre protestant qui avait exercé son ministère devant plus de vingt personnes réunies dans un local qu'il avait loué à cet effet[1].

Ainsi l'abus n'existe qu'à la condition de dépendre d'un acte se rattachant au culte : ce sont les offices à l'intérieur de l'église, quels qu'ils soient du reste ; à l'extérieur, les levées de corps, les processions ; il faut y joindre l'administration des sacrements et les instructions faites au dehors de l'église, car ce sont encore là des fonctions éminemment sacerdotales.

Toute entreprise ou tout procédé (la loi se sert simultanément de ces deux mots pour embrasser tous les actes possibles) de nature à compromettre l'honneur des citoyens est un abus. C'est surtout dans les refus de sépulture ecclésiastique que ce cas se présente. Sans doute, il ne suffit point pour l'existence de l'abus du refus pur et simple de la sépulture, car le prêtre catholique est souvent contraint de la refuser et la loi n'a point entendu le placer entre une censure et sa conscience. Le refus doit être illégitime, motivé sur une

1. Orléans, 20 juillet 1837.

raison non consacrée par les règles disciplinaires de l'Église. Donc point de refus abusif, s'il s'agit d'un homme ayant apostasié la religion catholique et étant mort dans son apostasie ; il n'y a point, dans l'absence du prêtre aux funérailles du défunt, d'outrage à sa mémoire ou d'insulte à sa famille : l'Église ne doit ni ne peut devoir ses dernières prières et ses consolations suprêmes à celui dont la volonté les a refusées, et ce serait au contraire, on l'a dit, la sépulture ecclésiastique qui serait un scandale. Donc aussi pas de refus abusif à l'égard du catholique mort après avoir péremptoirement refusé les derniers sacrements.

Mais le conseil d'État pourrait-il compétemment déclarer le refus abusif, si le défunt était mort seulement sans avoir fait appeler le prêtre et sans avoir formellement refusé son ministère, bien qu'on sût à n'en pas douter qu'il était dans l'intention de mourir sans l'assistance religieuse. Il faut vraisemblablement distinguer si cette intention a été manifestée par un obstacle équivalent à un refus positif, ou si elle n'a été accompagnée d'aucun fait de cette nature ; dans la première hypothèse le refus sera juste ; il ne le sera pas dans la seconde, car l'Église suppose toujours que jusqu'au dernier moment le pécheur pouvait se réconcilier avec elle.

Du reste, lorsque le mourant s'est confessé, la sépulture ne peut en aucun cas être refusée, car ce refus dénoterait que l'absolution n'a pas été donnée, ce qui serait trahir le secret de la confession.

Il y a abus, et le conseil d'État peut dès lors le déclarer, comme il l'a fait dans l'affaire Montlosier, dans le refus de sépulture fondé sur ce que le défunt, après avoir d'ailleurs reçu les derniers sacrements, s'était refusé à rétracter devant témoins certaines opinions qu'il avait émises dans le cours de sa vie[1]. Effectivement les règles canoniques n'autorisent point le refus de sépulture pour un pareil motif, et dès lors ce refus pouvait être considéré comme portant atteinte à l'honneur du défunt et de sa famille.

Le conseil d'État a jugé au contraire — mais ici on peut être plus sévère que lui et critiquer, en principe du moins, la décision qu'il a donnée — qu'il n'y avait point d'abus dans le refus d'un prêtre d'inhumer une personne morte catholiquement, mais qui pendant sa vie avait refusé plus ou moins injurieusement l'assistance de ce prêtre[2].

On se sépare de la communion de l'Eglise non-seulement d'une manière expresse, mais encore tacitement; et dans l'un comme l'autre cas, on perd toute espèce de droit aux pompes, qui ne sont destinées qu'aux fidèles. L'Église a déterminé les faits générateurs de cette scission tacite ; si le défunt est mort dans la perpétration d'un de ces faits, il va sans dire que le refus de sépulture est à l'abri de la critique et que le conseil d'État ne doit point prononcer l'abus. Les situations ou les actes qui attestent cette séparation se rencontrent principalement quand la personne est morte par suicide, en duel, en état de concubinage notoire et public, en état d'excommunication, sans avoir demandé l'absolution, en refusant de rendre, le pouvant du reste, les intérêts usurairement perçus, pourvu que l'usure fût notoire.

En général, il y a abus dans le refus de sépulture, toutes les fois que ce refus n'est pas expressément or-

1. Cons. d'Ét. 30 décembre 1838.
2. Cons. d'Ét. 13 juin 1827.

donné par le droit ecclésiastique, car il devient injurieux par cela même qu'il est arbitraire.

Puisque nous sommes sur ce sujet, nous mentionnerons un cas où il y aurait abus, non plus pour refus de sépulture ecclésiastique, mais, au contraire, parce qu'elle aurait eu lieu : c'est quand il s'agit d'un condamné à mort. L'abus, qui serait un abus pour contravention à la loi, n'existerait toutefois qu'autant que les funérailles eussent été faites avec appareil et cérémonies[1].

Il en est du refus de sacrement comme du refus de sépulture. Toutefois il y a entre eux cette importante différence que l'arbitraire, qui suffit dans le refus de sépulture pour faire naître l'abus, est presque toujours insuffisant dans le refus d'administrer les sacrements. Ce dernier doit être accompagné de circonstances qui constituent par elles-mêmes l'atteinte à l'honneur. Effectivement, il est facile de s'en convaincre, tandis que le refus de sépulture est un fait purement extérieur qu'il suffit de mettre en regard des règles positives prescrites par les canons pour savoir s'il est légitime ou s'il ne l'est pas, dans les refus de sacrement, au contraire, il n'y a presque toujours qu'une question d'appréciation morale, qui ne peut être résolue, dût-elle l'être d'une manière erronée, que par la conscience du prêtre ; c'est une pure question de conscience, et il n'y a rien de personnel, rien qui échappe au droit de la censure comme une question de conscience. «Il serait impossible, disait Portalis, de violenter sur ces objets la conscience des prêtres[2].» Aussi, nous l'avons dit,

1. Art. 14 du Code pénal.

2. Discours et rapports, p. 512. Portalis disait cela des refus de sépulture. Ces paroles s'appliquent ici à plus forte raison.

cela a été le scandale trop souvent donné par les parlements qui s'étaient arrogé le privilége de déclarer abusifs des refus de donner l'absolution ou la communion, sans qu'aucune circonstance extérieure eût accompagné ces refus, se permettant de substituer leur action judiciaire à l'action divine du prêtre et de peser les motifs spirituels et moraux du refus : ce qui revenait en définitive à se constituer eux-mêmes les dispensateurs des sacrements. Évidemment l'abus était ici du côté de ceux qui étaient chargés de le réprimer, et c'étaient là, du reste, les libertés gallicanes entendues à la façon des parlements. La jurisprudence actuelle du conseil d'État est plus raisonnable et plus sage : le conseil, en cette occurrence, décline la compétence de sa juridiction; il renvoie à la juridiction de l'ordinaire. Non pas que ce renvoi investisse nécessairement l'ordinaire du droit de révision, car dans la plupart des cas et d'après les principes théologiques, celui-ci est lui-même incompétent; en réalité, par ce renvoi, le conseil d'État se borne à dire : la connaissance du litige ne m'appartient pas; voyez si peut-être elle n'appartiendrait pas au diocésain ou au métropolitain[1].

Cependant il se peut que le refus pur et simple, non concomitant à des faits extrinsèques, motive suffisamment l'appel et la déclaration d'abus. Il en serait ainsi précisément lorsque, par l'évidence même du fait et la nature du refus, il est manifestement impossible qu'il y ait quelque raison morale, quelque motif de conscience ou quelque droit d'appréciation spirituelle, ou bien quelque devoir de bienséance religieuse dont l'existence ait pu donner naissance au refus; lorsqu'il

1. Voy. Cons. d'Ét. 16 décembre 1830, 28 mars 1831.

apparait clairement par le refus même qu'il est arbitraire. Ainsi serait abusif le refus pur et simple de baptiser un enfant, toutes les conditions à l'administration du sacrement se trouvant du reste réunies. Il résulte suffisamment du refus lui-même qu'il a eu lieu sans raison sérieuse et avouable; il est juste dès lors de le considérer comme une injure, et le conseil d'État peut s'en saisir compétemment et le déclarer abusif.

Que si un pareil refus est fondé sur des motifs illégitimes, que les règles ecclésiastiques désapprouvent ou du moins qu'elles ne reconnaissent pas comme suffisants, c'est à plus forte raison qu'il sera critiqué. Dans cette hypothèse encore, les raisons alléguées échappent au domaine de la conscience pour entrer dans celui de la loi positive; il s'agit simplement de savoir s'il y a violation d'une disposition canonique, si la discipline ecclésiastique autorise le refus. C'est ainsi qu'il a été décidé par un arrêt approuvé par Mgr Affre «que le refus d'administrer le baptême à un enfant sur le fondement que la personne que les parents ont chargée de veiller à sa conservation et de le présenter à l'église, n'est pas agréée par le curé ou le desservant de la paroisse, n'en est pas moins abusif, puisque d'une part cette personne ne participe point à la cérémonie religieuse du baptême et que de l'autre aucune règle canonique admise dans le royaume n'autorise les curés et desservants à n'admettre en pareil cas que des personnes agréées par eux[1].»

Il va de soi que l'abus est au contraire impossible si le refus de sacrements est fait en vertu même des règles de la discipline ecclésiastique : comme si, pour en

1. Cons d'Ét. 11 janv. 1820.

donner un exemple, le curé avait refusé ou différé l'administration du baptême, à cause des parrains ou marraines qui se présentaient et qui se trouvaient être des personnes incapables de cet office, telles que des excommuniés, des gens dont l'inconduite est notoire, ou n'appartenant pas à la religion chrétienne.

Si, à l'exception de ces cas spéciaux, le refus pur et simple de dispenser les sacrements ne peut aboutir à une déclaration d'abus, il en est autrement lorsqu'il est précédé, accompagné ou suivi de circonstances portant atteinte à l'honneur des citoyens : telle est principalement l'énonciation publique, et par conséquent diffamatoire, des raisons pour lesquelles le ministre du culte s'est abstenu d'administrer le sacrement; mais alors c'est plutôt dans ces circonstances que dans le refus même que l'abus prend sa source, et c'est ce qui explique plusieurs ordonnances rendues sur des faits de ce genre et portant déclaration d'abus.

Dans les matières dont nous venons de parler, l'abus existe presque toujours, non-seulement parce qu'il y a atteinte portée à l'honneur des citoyens, mais parce qu'il y a en même temps oppression ou scandale public, ou trouble arbitraire des consciences. La réunion de plusieurs de ces éléments de l'abus existe le plus souvent, et les cas cités jusqu'ici nous ont déjà offert des exemples d'abus par oppression, par scandale, par violence faite aux consciences.

La diffamation dans l'exercice du culte présente ordinairement ce quadruple caractère. Toute parole même non diffamatoire, dans laquelle un ou plusieurs de ces caractères se rencontrent, est abusive.

Ainsi l'injure descendue du haut de la chaire, ou insérée dans des écrits pastoraux, la critique de faits ou de choses étrangères à la mission du prêtre et dirigée contre des citoyens ou des corps constitués, la censure des lois et des actes du gouvernement ou de l'administration, toutes choses qui sont susceptibles de porter le trouble et le scandale dans les esprits, ou de dégénérer, à cause du caractère même dont le prêtre est revêtu, en oppression contre les fidèles, constituent des abus, à raison desquels le conseil d'État est compétent et seul compétent; et de cette solution résulte une importante question qui est encore pendante et que nous aurons bientôt à examiner.

Voici quelques actes de cette nature sur lesquels s'est prononcée la jurisprudence :

Le fait d'un ecclésiastique de s'interrompre au prône ou au sermon pour adresser à une personne des paroles injurieuses est abusif[1] ;

Est pareillement abusif, comme diffamatoire, le motif du refus de sépulture donné publiquement par le curé au moment de monter à l'autel[2];

Il y a abus dans l'outrage fait à un fonctionnaire public par un ecclésiastique qui officie à un enterrement[3].

Toutefois, qu'on se le rappelle, la mission du prêtre est de réprimer les vices, de censurer les défauts. Il faudra donc n'agir qu'avec beaucoup de réserve, si, dénonçant des actions répréhensibles, le ministre du culte s'est abstenu de noms propres. Cependant, même alors si l'allusion était claire, transparente, au point que l'on ne pût s'y méprendre, il y aurait lieu à déclaration d'abus; c'est un point d'appréciation.

1. Cassat. rej. 25 août 1827, 28 mars 1828, 18 février 1830. — Agen, 27 février 1840.
2. Rouen, 17 octobre 1828.
3. Cassat. 12 mars 1840.

Il est des faits qui, sans être précisément un outrage, sans dégénérer en scandale, sans constituer une oppression directe, sont de nature à troubler arbitrairement les consciences. Tel pourrait être le cas où l'on ne consentirait à accorder les sacrements que sous des conditions non imposées par les lois de l'Eglise et les canons reçus en France, ou sous des conditions contraires aux lois de l'Etat. Il a été décidé qu'il y avait abus dans le refus d'entendre la confession d'un prêtre assermenté, jusqu'à ce qu'il eût souscrit une rétractation[1]. La décision est juridique, car, ainsi que nous en avons déjà fait la remarque, il n'est pas permis d'exiger que la rétractation soit publique, bien qu'elle doive être faite au tribunal de la pénitence.

C'est encore ainsi que le conseil d'Etat a déclaré abusive, comme troublant arbitrairement les consciences, une déclaration émanée de l'évêque de Châlons[2], dans laquelle, dit l'ordonnance, se livrant à des allégations injurieuses contre l'Université, il menace de refus éventuel des sacrements les enfants élevés dans ces établissements; «que ce fait est de nature à troubler arbitrairement la conscience des enfants élevés dans les établissements universitaires et celle de leur famille[3].»

Quant aux actes qui, dégagés de tout autre élément abusif, ne présenteraient qu'un scandale public, ils sont certainement possibles, quoique jusqu'à présent le conseil d'Etat n'ait point eu à en réprimer. On pourrait citer le fait d'un ecclésiastique qui, dans l'exercice des fonctions sacrées, aurait une indécente tenue et les

1. Cons. d'Et. 10 mars 1820.
2. Insérée dans le journal l'*Univers*, le 26 octobre 1843.
3. Cons. d'Et. 8 novembre 1843.

accomplirait avec une légèreté révoltante. Les peines canoniques qui sont à la disposition de l'évêque ne font point obstacle au droit du juge des abus.

On ne saurait jamais considérer comme une atteinte à l'honneur, une oppression, un scandale public, quand du reste des paroles ou des actes injurieux ne l'accompagnent pas, une parole ou un acte qui se trouve en harmonie avec la loi. C'est à ce point de vue que se justifie l'ordonnance qui a statué que l'invitation faite en chaire par un curé à ses paroissiens de ne plus envoyer leurs enfants dans une école qui n'était pas autorisée ne constituait pas un abus[1].

VII. Nous n'avons eu en vue jusqu'à présent que les abus du culte catholique. La loi du 18 germinal, dans ses articles organiques du culte protestant, attribue au conseil d'État la connaissance des abus des ministres de ce culte. Seulement la loi a réservé le nom générique d'abus aux actes émanés des prêtres catholiques; elle désigne ceux des pasteurs protestants sous le nom général d'*entreprises*. Voici son texte :

« Le conseil d'État connaîtra de toutes les entreprises des ministres du culte et de toutes dissensions qui pourront s'élever entre ces ministres[2]. »

Que faut-il entendre par *entreprises?* Évidemment ce sont toutes les entreprises qui motiveraient un appel comme d'abus, si elles étaient l'œuvre d'un ministre catholique. Il suffira donc d'appliquer ici tout ce qui précède, en tenant compte toutefois des différences nécessaires qui résulteront de la nature diverse des cultes. Ainsi, il y aura abus pour contravention aux lois de

1. Cons. d'Ét. 28 mars 1831.
2. Article 6, loi de germinal.

l'État qui régissent le culte; mais il est clair qu'il ne peut être question que de celles qui sont relatives au culte protestant, non de celles qui concernent la religion catholique. Ainsi, dans le refus de sépulture, dans le refus des sacrements que le protestantisme a conservés, il pourra y avoir abus; mais, pour le prononcer, on ne se laissera point guider par les règles de la discipline catholique, mais par les observances et les usages des Églises réformées ou des Églises de la Confession d'Augsbourg.

Mais il est une cause d'abus particulière au protestantisme: ce sont les dissensions qui peuvent s'élever entre les ministres.

Le catholicisme, reposant sur le principe d'autorité et possédant un ensemble de dogmes nettement définis, dont aucun ne saurait être répudié sans que par le fait même on cesse d'appartenir à la communion catholique, le pouvoir temporel a dû se borner à confier aux évêques le maintien de la foi et de la discipline dans leur diocèse[1]. Au contraire, par son principe même de libre discussion, le protestantisme peut produire au sein d'une même communion une assez grande variété de doctrines. Aussi, pour prévenir de regrettables écarts, le quatrième des articles organiques des cultes protestants dispose: «Aucune décision doctrinale ou dogmatique, aucun formulaire sous le titre de *confession* ou sous tout autre titre, ne pourront être publiés ou devenir la matière de l'enseignement avant que le gouvernement en ait autorisé la publication ou promulgation.» A notre avis, l'abus ne pourrait consister que dans un enseignement directement contraire à ces doctrines ainsi revêtues de la sanction officielle. Mais nous n'estimons pas

1. Loi du 18 germinal an X, art. 14 et 15.

que le conseil d'Etat puisse être saisi relativement à toutes autres dissensions qui peuvent surgir sur des points de doctrine, car ce serait là encore l'immixtion du pouvoir civil dans des questions purement religieuses; ce serait porter atteinte au principe fondamental de la religion protestante, que l'Etat a cependant entendu reconnaître.

Il faut pourtant aller plus loin, et nonobstant ce que nous disions, reconnaître qu'il y aurait abus de la part de ceux qui attaqueraient un des points qui font la base de la religion protestante et universellement acceptés par elle.

Il faut suivre les mêmes règles quant aux dissensions qui s'élèveraient sur des points de discipline ou sur tout autre sujet.

VIII. Ce qui vient d'être exposé sur les abus des ministres protestants se représente à l'égard des abus des ministres du culte israélite et il suffira de donner connaissance du texte qui a trait à ces derniers : «Toutes entreprises des ministres du culte israélite, toutes discussions qui pourront s'élever entre ces ministres, toute atteinte à l'exercice du culte et à la liberté garantie à ces ministres, nous seront déférés en notre conseil d'Etat, sur le rapport de notre ministre des cultes, pour être par nous statué ce qu'il appartiendra[1].»

Restent les autres cultes qui peuvent être reconnus par l'Etat; il semble que l'on doive, par analogie, leur déclarer communes les règles de l'abus.

IX. Nous avons épuisé la liste sommaire des actes abusifs dont les ministres du culte peuvent se rendre coupables, mais, comme nous l'avons annoncé,

1. Ordonnance du 25 mai, 14 juin 1844, art. 55.

ce n'est point seulement contre eux que l'appel ou le recours comme d'abus est institué, c'est aussi dans leur intérêt et contre l'autorité civile. C'est là, nous l'avons dit encore, une tradition qui remonte aux parlements. Néanmoins cet appel établi contre les agents du pouvoir public n'a pas, il faut l'avouer, la grande raison d'être de celui qui est dirigé contre les ministres du culte, et on n'en voit pas aussi bien la nécessité. On sait que l'appel comme d'abus a sa profonde racine dans le conflit et le parallélisme de deux pouvoirs dont l'un n'a aucune action sur l'autre et de protéger l'Etat contre les empiétements dont on peut l'atteindre sous couleur de prérogative religieuse. Là est le sens de l'abus; c'est à cette fin qu'il existe; d'où il suit que le recours devant l'Etat contre ses agents paraît inutile; il est clair que l'abus n'existe ici qu'au regard de l'Eglise et qu'il n'importe directement à l'Etat que de se défendre lui-même. Voilà la théorie. Aussi ne faut-il pas voir, en principe, dans l'appel dont nous nous occupons actuellement, quelque chose d'analogue au précédent; il faut n'y voir qu'une mesure de protection accordée par l'Etat à l'Eglise, qu'un recours hiérarchique, quoique sous forme judiciaire, contre les usurpations des autorités publiques; il n'y a pas ici une puissance en face d'une puissance; il y a simplement un fait illicite ou préjudiciable qu'il s'agit de faire réformer; le conseil d'État ne se trouve plus précisément pondérateur entre la puissance spirituelle et la puissance temporelle; sa fonction est sa fonction ordinaire; il juge un fait administratif.

Quoi qu'il en soit, on appelle aussi abus, dans le sens technique qu'a ce mot en cette matière, l'acte illégal commis contre l'exercice ou contre les ministres du culte ; et, il faut le dire encore ici, autrefois ce mot d'abus, désignant les abus dirigés contre le culte ou ses ministres, était plus exact qu'il ne l'est aujourd'hui; car les parlements, à la différence du conseil d'Etat, étaient constitués dans l'Etat comme un pouvoir indépendant de lui, étranger au gouvernement, que souvent ils appelaient à leur barre: puissance mixte à laquelle la constitution politique donnait le droit, quelque peu usurpé du reste, d'examiner et de juger les actes gouvernementaux.

Nous avons cité le texte qui consacre l'existence de cet abus. La loi y parle des faits qui portent «atteinte à l'exercice public du culte et à la liberté que les lois et les règlements garantissent à ses ministres.»

Bien que la loi ne soit pas explicite à cet égard, cet abus ne peut provenir que du fait d'un fonctionnaire public. De la part d'un simple citoyen, l'atteinte à l'exercice du ministère sacerdotal, à la liberté spirituelle des ecclésiastiques est impossible, à moins qu'elle ne soit accompagnée d'un crime ou d'un délit; mais alors même il n'y aurait pas abus, car l'abus suppose toujours dans celui qui le commet des droits réels, mais qu'il outrepasse. Il y aurait un délit pur et simple, donnant lieu à des poursuites criminelles. Et à l'appel émis par un ecclésiastique pour un fait quel qu'il soit commis par un particulier contre sa liberté ou contre l'accomplissement des actes du culte, le conseil d'Etat devrait opposer son incompétence.

Ce n'est point assez d'être fonctionnaire public, il faut être encore dépositaire d'une partie de la puissance publique. Il faut être revêtu d'un pouvoir de surveillance et d'initiative sur les actions des citoyens et des corps constitués, être en possession du droit de prendre des mesures générales d'ordre public, être un administrateur, dans le vrai sens du mot. Quel fait abusif voulez-vous imaginer de la part d'un employé des forêts, des contributions directes ou indirectes? On le conçoit au contraire facilement provenant d'un maire, d'un commissaire de police, d'un préfet, d'un ministre du chef de l'Etat.

L'abus serait aussi possible de la part d'un procureur impérial, d'un juge d'instruction, d'un juge de paix, dans leurs fonctions de police judiciaire. Il semble qu'il le serait encore de la part d'un président et même d'un tribunal ou d'une cour.

Le conseil d'Etat est compétent pour proclamer l'abus émanant de tous ces fonctionnaires; mais il y a un fonctionnaire par excellence, en qui se résume et en qui réside toute la puissance publique, nous voulons dire le chef de l'Etat, l'empereur. Or, premièrement, le chef de l'Etat peut-il commettre des abus légalement qualifiés? Oui, sans doute, il peut, par ses décrets, porter atteinte à l'exercice public du culte et à la liberté des ministres du culte, il peut rendre des décrets contraires à la loi qui garantit et consacre ces choses. Supposons que, pour une raison quelconque, il défende partout, et sans considération de lieux, les processions extérieures, ce qui, d'après la loi de germinal, serait une atteinte à l'exercice du culte; supposons qu'il donne un ordre contraire à la fois aux maximes de l'Eglise et aux canons reçus en France; supposons (car le Pape doit être ici considéré comme un ministre du culte, dans les cas où la loi lui reconnaît autorité en France et où elle définit cette autorité) qu'il ordonne l'institution d'un évêque par le métropolitain au refus du Pape de donner la bulle canonique d'institution, ce qui est une violation de la prérogative que le concordat et les lois de l'Eglise confèrent au Pape : dans toutes ces circonstances, il y aurait manifestement abus. Mais le conseil d'Etat serait-il compétent pour le prononcer?

Autrefois, les parlements ne se seraient fait aucun scrupule de se décerner la connaissance du litige, et d'ailleurs les rois, en les chargeant de l'exécution des concordats, les avaient eux-mêmes établis juges des actes abusifs de la royauté. Plus tard, alors que les parlements n'existaient plus, que le conseil d'Etat n'existait pas encore, on voit le tribunal de cassation statuant sur un arrêt du parlement de Metz et, conformément à cet arrêt, déclarer abusive une nomination faite par le roi et maintenir celle qui avait été faite par un chapitre[1]. Le conseil d'Etat a-t-il hérité d'une pareille attribution?

Il est difficile ou plutôt impossible de le penser. Il n'y a aucune conclusion à tirer des errements de la juridiction parlementaire; on en a vu plus haut la raison. Il ne saurait en être ainsi aujourd'hui. Le conseil d'Etat dans les questions d'abus est autant un pouvoir politique qu'une autorité judiciaire; ses arrêts n'existent pas tant qu'ils ne sont pas formulés en un décret : ce qui veut dire que le conseil et le chef de l'Etat sont un ; ou mieux encore, c'est à vrai dire, non le conseil, mais l'empereur qui juge en dernier ressort les abus; le premier ne fait que préparer le jugement du second. Dès lors, ce serait en définitive l'empereur qui réformerait les abus commis par l'empereur. Un pareil résultat est inadmissible. Il n'est pas moins admissible qu'on puisse en appeler au conseil d'Etat des actes

1. Rej. 28 mai 1791.

de l'empereur, qui est en quelque sorte le supérieur de ce conseil. Aussi celui-ci s'est-il plusieurs fois refusé à prononcer l'abus de faits qui avaient été consacrés par des ordonnances royales[1].

Au surplus, si le conseil d'Etat est incompétent, il existe une autre compétence. L'abus du prince sera toujours un acte violant la loi et conséquemment un acte inconstitutionnel ; comme tel, il pourra être déféré au Sénat, qui en prononcera l'annulation.

X. Pour citer quelques abus dont les fonctionnaires publics peuvent se rendre coupables, telle serait la défense faite par un maire au curé de tenir une cérémonie religieuse, hors de l'église, si ce n'est toutefois dans le cas prévu par l'art. 45 de la loi de germinal.

Y a-t-il abus dans la défense de sortir de l'église en procession, là où il n'y a point du reste de temples affectés à des cultes différents, défense fondée sur le motif que la paix publique y est intéressée. Le conseil d'Etat a décidé que cette interdiction ne constituait pas un fait abusif et que le maire avait le droit de prendre une pareille mesure[2]. Nous n'acceptons point cette décision telle qu'elle a été formulée et, pour nous, la question est une question de fait, non de droit. Il est vrai que tout ce qui concerne la police de la commune se trouve concentré entre les mains du maire, qu'il a le droit et le devoir de pourvoir au maintien de l'ordre et de la paix, de surveiller les rassemblements et les réunions, quelles qu'elles soient, et de prendre des arrêtés en conséquence. Particulièrement l'art. 1er du décret du 7 vendémiaire an IV charge «les autori-

1. Cons. d'Et. 22 février 1837, 17 septembre 1844, etc.
2. Cons. d'Et. 1er mars 1842.

tés constitués» des mesures de police et de sûreté publique qui concernent les rassemblements religieux et de la surveillance de l'exercice des cultes. Mais ce pouvoir du maire a ses limites ; et ainsi il ne serait pas autorisé, par exemple, par mesure d'ordre et de sûreté publique, à défendre aux citoyens de sortir à certaines heures de leur domicile. Or, le droit de sortir processionnellement a été concédé et reconnu à la religion catholique. Et il ne suffit pas qu'on invoque contre ce droit le prétexte de la tranquillité publique, il faut qu'effectivement il y ait eu pour elle un danger véritable. Le conseil d'État ne doit donc pas se borner, comme il l'a fait, à examiner si la défense a été motivée sur les pouvoirs de police qui compètent au maire ; il doit entrer dans le détail et juger si en fait l'ordre et la paix étaient réellement menacés; s'il ne l'étaient pas, il doit prononcer l'abus.

Il y aurait abus pour atteinte à la liberté des ecclésiastiques dans l'ordre donné par un maire à un curé ou à un desservant d'accomplir les funérailles religieux. Et il importerait peu, pour que l'abus existât, que le refus de sépulture de la part du prêtre fût lui-même abusif. .

L'abus existe en effet dès qu'il y a immixtion dans les fonctions ecclésiastiques, qu'elles soient du reste spirituelles, ou bien qu'elles soient temporelles ou plutôt mixtes.

Ainsi est également abusive la défense faite par un maire, par un préfet, par un ministre de faire une instruction sur certains sujets religieux, d'écrire un mandement sur telle question. Et ici encore l'abus existerait, bien que l'instruction ou le mandement en fussent eux-mêmes entachés.

Le conseil d'Etat a annulé comme abusive la décision d'un préfet qui avait interdit à des ecclésiastiques la faculté de prêcher.

Citons enfin comme des cas possibles d'abus la nomination faite par un maire du sacristain, de l'organiste et des employés dont la nomination est réservée au curé ou au bureau des marguillers; la gestion par le maire de certains points d'administration de la paroisse, soit que cette administration appartienne au curé, soit qu'elle soit du ressort du conseil de fabrique.

Mais on a jugé qu'il n'y avait point abus dans la suppression qu'un commissaire général avait faite des revenus perçus par un prêtre pour le service d'une chapelle qu'il faisait desservir par un autre ecclésiastique[1]. Cette décision est juste, car l'abus ne se comprend que dans les actes qui lèsent les prérogatives ecclésiastiques.

Les attaques des fonctionnaires publics contre les cultes protestant et israélite et contre les prérogatives de leurs ministres sont les mêmes que celles qui sont relatives au culte catholique et sont régies par les mêmes principes. Si la loi n'a aucune disposition à cet égard au sujet du culte protestant, elle a parlé à l'occasion du culte israélite dans le texte que nous avons précédemment cité. D'ailleurs son silence, même absolu, n'aurait pu produire un doute sérieux sur le caractère abusif des actes dirigés contre ces cultes et sur la compétence du conseil d'Etat qui en résulte.

1. Cons. d'Et. 17 janvier 1814.

CHAPITRE III.

Des conditions nécessaires à l'existence de la compétence du conseil d'État.

I. Le conseil d'Etat, pour être compétemment saisi, doit l'être soit par les personnes intéressées, soit par le préfet qui est la seule autorité que la loi ait investi du droit d'agir d'office.

Les procureurs généraux n'ont donc plus aujourd'hui le pouvoir de poursuivre les abus. La compétence du conseil d'État, corps politique et administratif, une fois admise en principe, il était logique de remettre ce droit entre les mains des fonctionnaires de l'ordre administratif et politique.

D'un autre côté, le conseil d'Etat ne pourrait point se saisir lui-même.

La loi désigne les préfets seuls; seuls dès lors ils ont action; leurs supérieurs hiérarchiques, c'est-à-dire les ministres et l'empereur, ne l'ont point; ils ne peuvent qu'inviter les préfets à émettre l'appel.

Le recours est susceptible d'être exercé d'office par le préfet dans tous les cas : dans ceux où il y a des personnes lésées tout aussi bien que dans ceux où il n'y en a point. Le texte de la loi indique assez qu'il n'y a point de distinction à faire : «le recours compètera à toute personne intéressée; à défaut de plainte particulière, il sera exercé d'office par les préfets [1].» La raison en est que l'abus par lui-même est toujours une at-

1. Art. 8 de la loi de germinal, an X.

teinte à l'ordre public. Aussi nous croyons qu'il n'y a rien d'exclusif dans la formule précitée et que le recours exercé par la personne intéressée ne ferait point obstacle à celui du préfet.

L'absoluité des termes de la loi implique une autre conséquence, c'est qu'il entre dans les prérogatives du préfet d'émettre l'appel, non-seulement contre les ecclésiastiques, mais aussi bien contre les fonctionnaires publics.

Autrefois le préfet avait la faculté d'introduire l'instance en élevant le conflit d'attribution [1]. Il ne l'a plus aujourd'hui, car l'ordonnance du 11 juin 1828, qui a strictement limité les cas de conflit, a gardé le silence sur ce point.

II. Le préfet excepté, le recours ne compète qu'aux personnes intéressées. Ainsi, en cas de refus de sacrement, de diffamation en chaire, il ne sera valablement émis que par la personne même qui aura souffert de ces faits ou, si elle est mineure, par ses représentants légaux. En cas de refus de sépulture, il appartient à tous les membres de la famille du défunt, même à ceux qui ne sont pas ses successibles, notamment à son conjoint. Mais il ne saurait appartenir aux légataires même universels, même à ceux auxquels la saisine eût été conférée.

Le conseil d'Etat a statué que le père d'un enfant qu'on présentait au baptême était sans intérêt pour se pourvoir contre un curé qui avait refusé d'agréer les parrain et marraine [2]; que le père d'un prêtre interdit était sans qualité pour critiquer l'interdiction [3].

1. Voyez sur conflit. cons. d'Et. 9 frimaire an XIII.
2. Cons. d'Et. 17 août 1825.
3. Cons. d'Et. 27 mai 1816.

Il a jugé aussi qu'on ne pouvait considérer comme personne intéressée une commune qui prétendait faire déclarer abusive la réunion d'une cure à la cathédrale et la défense faite à l'ancien curé de prêcher et de confesser [1].

III. L'appel comme d'abus contre les fonctionnaires publics doit être interjeté par le prêtre même dont on a usurpé les fonctions ou qu'on a empêché de se livrer à l'exercice du culte. Toutefois il est possible que ce prêtre ne soit pas le seul intéressé, il est possible que l'abus n'existe pas seulement et uniquement contre lui. Supposons qu'un fonctionnaire ait ordonné indûment la fermeture d'une église, défendu la sortie d'une procession, le curé est certainement la principale personne intéressée; mais son évêque, en qui réside, en dernière analyse, la responsabilité ecclésiastique, qui a charge d'âmes dans cette paroisse comme le curé lui-même, doit-il aussi être regardé comme partie intéressée? Nous disions précédemment que ni les ministres de l'empereur, ni l'empereur lui-même n'avaient le droit d'agir à la place du préfet; mais nous ne pensons pas qu'il y ait un argument d'analogie à tirer de ce principe, par la raison que le préfet n'agit point en tant que personne intéressée, et qu'il en serait de même des ministres de l'Etat, s'ils en avaient le droit.

La question reste donc entière sur le point de savoir si l'évêque est ici une personne intéressée. Or, il faut, ce semble, la résoudre par la distinction que nous avons insinuée. Si l'abus ne touche que la liberté individuelle de l'ecclésiastique, l'évêque est sans qualité pour intervenir. Si, au contraire, l'abus porte

1. Cons. d'Et. 24 juillet 1815.

atteinte à l'exercice général du culte, auquel l'évêque est chargé de veiller, ou si en lésant individuellement les droits et la liberté du prêtre, il lèse par contrecoup les prérogatives mêmes de l'évêque, comme le ferait la destitution d'un desservant par le préfet ou par un autre fonctionnaire; dans ces circonstances, le recours compète à l'évêque[1].

IV. Le recours est introduit au moyen d'un mémoire détaillé, signé et «adressé, dit la loi, au conseiller d'Etat chargé de toutes les affaires concernant les cultes, lequel sera tenu de prendre dans le plus court délai tous les renseignements convenables, et sur son rapport, l'affaire sera suivie et définitivement terminée dans la

1. On pourrait se demander ici en théorie si le Pape peut émettre l'appel comme personne intéressée. Nous disons en théorie, car en pratique la chose ne paraît guère concevable. Car le Pape qui se croirait lésé ne reconnaîtrait point la compétence du conseil d'Etat, et, d'un autre côté, il agirait par la voie diplomatique. En théorie, il faut dire que les principes de l'Eglise gallicane ne permettent pas de voir en lui une personne intéressée. L'évêque et le métropolitain sont, en France, les régulateurs suprêmes de ce qui se passe en leur diocèse et en leur circonscription. En règle, le Pape ne saurait donc former le recours pour abus. Néanmoins on sait qu'il est des droits et des priviléges que les lois et les concordats lui reconnaissent; que son autorité est ainsi une autorité légale et qu'il est vraiment, sous le rapport de ces droits, un ministre du culte exerçant en France, ou du moins qu'il y a lieu de le considérer comme tel. Aussi il a seul le pouvoir d'instituer canoniquement les évêques; il a celui de publier des bulles dans l'empire, pourvu qu'elles aient été enregistrés. L'obstacle apporté à l'exercice de ces droits serait abusif et motiverait le recours de la part du Souverain Pontife.

forme administrative ou renvoyée, selon l'exigence des cas, aux autorités compétentes[1].»

Le conseiller d'Etat dont il est parlé est aujourd'hui le ministre de l'instruction publique et des cultes. Il lui appartient exclusivement de porter l'instance au conseil. Celui-ci n'est jamais saisi par voie de requête directe; et, quand cela arrive, il renvoie le requérant à se pourvoir par mémoire devant le ministre, afin que ce dernier prenne les renseignements nécessaires et mette la cause en état[2].

Le conseil d'Etat ne peut compétemment statuer qu'en assemblée générale. Il n'y a point de débat oral et contradictoire; mais les parties sont libres sans doute de fournir dans des mémoires leurs observations ou leur défense. L'affaire est jugée sur un rapport qui ne doit pas être confié à un auditeur. L'arrêt, comme tous les jugements et les actes qui émanent du conseil, intervient sous forme de décret impérial.

CHAPITRE IV.

Des décisions qui sont de la compétence du conseil d'Etat.

I. Il reste à exposer les mesures que le conseil d'Etat est compétemment appelé à prendre relativement aux recours qui lui sont déférés. Mais nous devons dire auparavant que dès qu'il y a abus, le conseil est compétent pour en connaître, à l'exclusion absolue de toute autre juridiction.

1. Art. 8 de la loi de germinal.
2. Cons. d'Et. 10 mars 1817, 24 mars 1819, 7 avril 1819, 31 juillet 1822.

Cette proposition simplement émise dans le cours de cette thèse a besoin d'être ici développée: voici la grande question qui partage encore aujourd'hui les opinions; c'est peut-être le principal problème qui s'agite en matière d'appel comme d'abus.

On demande si, lorsque le fait abusif est concomitant à un fait délictueux ou criminel, ou plutôt lorsque le fait incriminé constitue à la fois un abus et un délit ou un crime, on demande s'il est nécessaire de recourir au conseil d'Etat pour faire déclarer préalablement l'abus, avant de pouvoir déférer le ministre du culte aux tribunaux compétents pour connaître du crime ou du délit. Nous ne parlons que des ministres du culte, non des fonctionnaires publics, que protége ce qu'on appelle la garantie constitutionnelle.

Les opinions sont divisées et subdivisées. Et d'abord la doctrine absolue, d'après laquelle on doit toujours se passer du conseil, se fonde sur ce qu'il n'y a pas, d'après elle, d'abus proprement dit, mais seulement un délit; l'abus, dit-on, ne se conçoit que dans la violation des règles ecclésiastiques; le prêtre n'est pas seulement prêtre, il est avant tout citoyen et, comme tel, il est soumis, comme tous les citoyens, aux lois du droit commun; donc, s'il y a abus, c'est-à-dire violation des lois du culte seulement, la connaissance en appartient au conseil d'État, seul juge de ces causes; donc aussi, si le fait n'est pas une infraction aux lois des cultes, mais une violation des lois communes, il n'y a plus abus, mais bien crime, délit ou contravention, et dès lors la compétence du conseil d'Etat cesse et les tribunaux ordinaires sont investis immédiatement et de plein droit.

D'autres raisons ont été produites: recourant à l'historique des appels comme d'abus, on a dit que l'abus ne devait s'entendre que d'un excès de pouvoir ecclésiastique; que les mots *appel comme d'abus* démontraient suffisamment qu'il était question de l'appel d'une juridiction inférieure à une juridiction supérieure : ce qui ne se concevrait pas d'un crime ou d'un délit, ces actes ne pouvant être considérés comme des actes de juridiction; on dit, en outre, qu'autrefois l'abus n'était pas préjudiciel, que la procédure contre l'abus et la procédure contre le crime s'instruisaient simultanément, sans dépendre l'une de l'autre. On ajoute que le conseil d'État est l'héritier des parlements, qu'il est juge comme ils étaient juges, mais qu'on n'a jamais vu qu'il fallut demander aux juges de l'abus une autorisation de mise en jugement.

Il est aisé de répondre à ces objections. Et pour commencer par les dernières, nous dirons que s'il est bon de s'inspirer des précédents, il faut se garder de les transporter pêle-mêle et comme en aveugle sur un sol qui a été profondément remué et renouvelé complétement. L'appel comme d'abus, après tout, n'est plus, ne peut plus être ce qu'il était primitivement. Il n'y a pas jusqu'à l'idée fondamentale dont il est sorti qui n'existe plus. C'était dans l'origine la juridiction des parlements qui s'était investie du droit de connaître des actes de la juridiction ecclésiastique. Il suffit de lire la loi pour se convaincre qu'aujourd'hui, comme depuis longtemps du reste, l'appel comme d'abus est autre chose que cela. Aussi ne connaissons-nous plus même d'appel comme d'abus; nous n'avons qu'un recours au gouvernement contre les abus. Ce changement de mot et de qualification est à lui seul significatif.

C'est un autre ordre d'idées qui a présidé à la réorganisation de cette antique institution. Au moment du concordat, l'ancien édifice ecclésiastique et l'ancien édifice judiciaire n'existaient plus. Le premier consul avait résolu le rétablissement du catholicisme ; ses rapports avec le Saint-Siége étaient alors excellents et il était on ne peut plus favorable au clergé. Il avait compris avec le tact exquis qui le caractérisait si souvent, avec ce coup-d'œil de génie qui lui faisait sonder d'un regard le fond des choses, que l'autorité spirituelle ne pouvait dépendre de la puissance temporelle et que les ministres de l'Eglise, dans l'exercice des fonctions sacerdotales, ne pouvaient relever du gouvernement, ni d'aucun pouvoir humain ; que c'était un non-sens que de les contraindre à rendre compte au souverain ou à ses délégués d'une mission qu'ils ne tenaient que de Dieu[1]. Mais l'abus dans leurs fonctions restait possible; et il y avait là ou un empiétement sur les droits du souverain ou une lésion des intérêts confiés à celui-ci : d'où la nécessité d'un juge spécial chargé, dans chaque cas déterminé, d'examiner si le ministre du culte a excédé ses droits et ses pouvoirs. Ainsi, c'est dans la protection même de l'indépendance ecclésiastique que se trouve la nouvelle origine du recours comme d'abus.

Et cela est si vrai, et il a été si bien compris que le ministre du culte, dans l'exercice de ses fonctions, dans l'exposition des vérités qu'il enseigne, devait être libre,

1. La cour d'Orléans a fort bien défini et résumé le principe de l'abus dans ces quelques mots : «Considérant que la nécessité de ce recours a été établie en vue non-seulement de prémunir l'Etat contre les empiétements du clergé, mais encore d'accorder aux ministres des cultes une garantie contre les attaques auxquelles leurs fonctions pourraient les exposer.» Orléans, 11 juin 1840.

que, dans la législation actuelle, le recours compète aux ministres des cultes protestants. C'est que le pasteur, lui aussi, se présente comme parlant au nom de Dieu et que son indépendance spirituelle doit être assurée; mais, par la même raison, il faut une autorité qui examine s'il n'a pas fait servir une indépendance légitime à des actes illégitimes.

L'argument historique tombe ainsi de lui-même. Il suffit, pour faire surgir le droit et la nécessité du recours, que l'acte incriminé soit l'acte d'un ministre du culte.

Il importe donc peu de savoir si, dans l'ancienne jurisprudence, l'abus était ou non préjudiciel; mais ce qui importe maintenant, c'est de bien préciser la question.

On veut savoir si l'acte quelconque, commis dans l'exercice du culte et constituant un délit, est susceptible d'être déféré à la juridiction compétente sans jugement préalable du conseil d'Etat. A la question ainsi posée, nous ne répondrons pas comme on l'a fait jusqu'ici; nous ne répondrons ni absolument oui, ni absolument non; et bien qu'en principe nous partagions le sentiment de ceux qui veulent la décision préalable du conseil, nous pensons que pour cela la réunion de deux conditions est nécessaire. Il faut, et c'est la cause générique de l'abus, comme aussi la raison générale alléguée, il faut que le ministre du culte soit dans l'exercice de son ministère; c'est évident, mais ce n'est pas assez, et à notre avis, il faut de plus que l'acte incriminé soit partie intégrante des fonctions sacerdotales [1].

1. La cour de cassation, statuant sur des injures proférées à un enterrement contre un maire par deux prêtres, dont l'un officiait et dont l'autre n'officiait pas, a décidé que le premier avait commis un abus et non le second. 12 mars 1810.

Il ne suffit pas, en effet, que le prêtre soit dans l'exercice de son ministère, car d'une part la garantie constitutionnelle, on l'a dit judicieusement, n'est pas applicable aux ecclésiastiques; d'autre part, on ne voit pas que le législateur, par le recours au conseil, ait entendu créer pour eux une garantie analogue, et c'est ici et dans ce sens qu'il est vrai de dire que le conseil a reçu la mission de juger, non d'autoriser la mise en jugement. Nous l'avons dit, le recours comme d'abus n'a sa raison et sa cause que dans la liberté spirituelle et sacerdotale. Supposez donc qu'un vol, un assassinat, un attentat à la pudeur soit commis par un ministre du culte dans l'exercice de ses fonctions, est-ce qu'il y aura lieu à examiner s'il est allé trop loin dans l'usage de ses pouvoirs spirituels? Ou même y aura-t-il une ombre d'apparence qui établisse une présomption quelconque en faveur de l'autorité spirituelle? Il est clair que non.

Ainsi on a jugé récemment qu'un curé qui, pour maintenir l'ordre dans son église, avait donné un soufflet à un enfant, ne pouvait être poursuivi en paiement de dommages-intérêts qu'après la déclaration d'abus[1]. Cette décision nous semble erronée; elle assimile évidemment la déclaration d'abus à la garantie des fonctionnaires publics; ce curé n'avait ni abusé, ni usé des pouvoirs spéciaux que son caractère lui confère; car, de ce qu'il ait le droit de veiller au maintien de l'ordre dans son église, on ne saurait évidemment conclure sérieusement que des voies de fait soient, en quelque cas que cela puisse être, un acte inhérent à ces fonc-

1. Voy. un des nos de la *Gazette des Tribunaux* du mois de novembre 1860.

tions. Il n'y a donc pas d'abus proprement dit. C'est également à tort, selon nous, que l'on a déclaré qu'il y avait abus dans l'acte d'un ecclésiastique qui, dans l'exercice de ses fonctions, avait attenté à la pudeur des femmes ou des jeunes filles[1]. Il y avait là délit ou crime, rien de plus, rien de moins.

On a aussi jugé abusifs : l'enlèvement de titres ou de créances par un prêtre pendant l'administration des sacrements à un malade et ce pour opérer des restitutions[2]; l'enlèvement de livres soustraits dans les mêmes conditions, par la raison qu'ils étaient mauvais[3]. Nous estimons que ces faits, qui ne sont point des faits sacerdotaux ou ecclésiastiques, devaient être poursuivis sans déclaration préalable d'abus.

Imaginez, au contraire, un acte, partie intégrante du ministère sacerdotal; c'est un curé qui, en chaire, a critiqué des mesures prises par le gouvernement; c'est un évêque qui, dans un mandement, a provoqué les citoyens les uns contre les autres. Ils ont le droit et le devoir, l'un de prêcher, l'autre de faire des mandements, d'y censurer les vices et les iniquités; et, pour répondre aux exemples que nous avons choisi, il ne leur est même pas interdit de s'immiscer, au nom même de leur caractère, dans les affaires politiques. Rien n'échappe, ni ne peut échapper à l'influence et à l'appréciation religieuse, et, comme l'a reconnu M. Troplong, il est dans la mission de l'Église et de ses ministres d'éclairer et de conseiller le pouvoir et le

1. Cons. d'Et. 8 avril 1831.
2. Cons. d'Et. 25 novembre 1829.
3. Cons. d'Et. 20 août 1829, 26 août 1829.

gouvernement[1]. En un mot, il est certain que, dans les exemples cités, le ministre du culte a agi au nom même de ses droits spirituels.

Et maintenant, quand un acte pareil est incriminé, quelle est la première question qui se présente à l'esprit? Se demande-t-on d'abord s'il y a crime ou délit, ou bien, dans l'ordre naturel des idées et de la logique, ne se demande-t-on pas en premier lieu s'il y a abus d'autorité spirituelle? N'est-il pas manifeste que la première question est nécessairement, dans l'esprit de tout homme, préjudicielle à la seconde? Peut-il y avoir un délit, s'il n'y a pas d'abus? Quand l'ecclésiastique comparaîtra devant le tribunal correctionnel ou devant la cour d'assises, il commencera, dans l'intérêt de sa défense, par invoquer la nécessité de son ministère pastoral, son devoir de directeur des âmes; bon gré, mal gré, il faudra, pour l'appréciation du délit, que les juges tiennent compte de ces moyens de défense; il faudra qu'ils décident explicitement ou implicitement (et ils le feront toujours au moins implicitement) que le prêtre a outrepassé ou n'a pas outrepassé ses pouvoirs, qu'il est sorti ou n'est pas sorti des limites de sa mission. Mais c'est précisément là ce qui ne leur est pas donné de faire; le seul juge pondérateur entre le temporel et le spirituel, c'est le conseil d'État. Il y aurait une usurpation flagrante de la part de la juridiction répressive.

Donc que, dans notre ancienne jurisprudence, les deux procédures aient été indépendantes l'une de l'autre, il n'importe! Aujourd'hui, dès que le fait délic-

1. Troplong. Des pouvoirs de l'Etat sur l'enseignement d'après l'ancien Droit français, p. 25.

tueux, commis dans l'exercice du ministère, fait partie des actes du ministère, la question préjudicielle surgit fatalement, nécessairement ; et la raison, encore une fois, en est dans l'impossibilité du délit, tant que le prêtre se présente revêtu de la présomption que l'acte accompli était légitime et dans la nécessité de l'examen de ce point par le conseil d'État exclusivement.

Descendons à quelques applications. Un citoyen est diffamé en chaire. N'est-il pas clair que le prêtre abuse du devoir de la prédication, abuse de son pouvoir de censurer les vices ? S'il y a délit, il faut pourtant qu'il ait été auparavant reconnu que le prédicateur a effectivement abusé des droits qu'il tient de Dieu.

Ou bien un mariage religieux est béni, avant d'avoir été civilement contracté. Il n'y a certes aucun doute sur la violation de la loi, mais enfin le prêtre peut ne pas se sentir lié par cette loi, sa conscience peut même parfois le contraindre à y contrevenir[1]. C'est un problème qu'il faut résoudre d'abord et qu'un tribunal ne peut aborder de plain-pied.

Ces notions suffisent pour tous les cas et toutes les espèces; et il serait superflu de pousser plus avant dans cette investigation. On voit que la vérité sur ce sujet se trouve, comme il arrive souvent, entre les doctrines contraires.

Et, pour conclure, il reste démontré que dès qu'il y a abus, qu'il soit ou non accompagné d'un délit, le conseil d'Etat est seul compétent ; car, comme on a pu le remarquer, s'il reste étranger au litige, lorsque l'acte délictueux commis par un ministre du culte n'est pas un acte sacerdotal, c'est qu'alors il n'y a pas d'abus.

1. Voy. Mgr Gousset, Théologie morale, t. II, ch. I, art. 5, § 751.

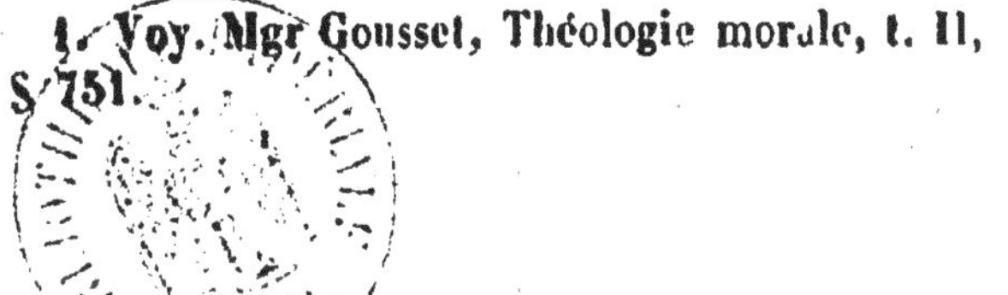

Nous ne pouvons clore cette controverse sans mentionner une singulière distinction faite par la cour de cassation. D'après elle, il y aurait bien en général acte abusif, malgré l'existence du délit[1] ; mais il n'en n'est plus ainsi, lorsqu'il s'agit de discours tenus contre le gouvernement, d'offenses envers la personne du chef de l'Etat, de critique et de censure des actes de l'autorité publique[2]. Et les raisons émises par les considérants sont tantôt que de pareilles attaques ne rentrent pas dans les dispositions de l'art. 6 de la loi organique, tantôt qu'on ne peut qualifier abus des faits qualifiés crime ou délit par la loi, tantôt que du moment qu'il y a délit, il n'y a pas abus : variantes d'un motif qui est au fond unique et que nous avons réfuté. Mais comment la cour de cassation parvient-elle à opérer une distinction entre tous les délits en général, notamment les discours injurieux tenus en chaire contre les citoyens, et entre les délits dirigés contre les autorités, les discours injurieux tenus en chaire contre elle ? La cour l'a dit elle-même dans plusieurs arrêts. C'est que les articles organiques prévoient comme cas d'abus les entreprises contre les citoyens, tandis qu'elle ne dispose rien de pareil pour les entreprises contre le gouvernement. Ce système nous paraît inexact dans tous les cas et ne

1. Cassat. rej. 25 août 1827, 28 mars 1828, 18 février 1836, 26 juillet 1838, 12 mars 1840. — Rouen, 17 octobre 1828. — Agen, 27 février 1840. — Orléans, 11 juin 1840. — Montpellier, 21 décembre 1840.

2. Cassat. 23 juin 1831, 9 septembre 1831, 3 novembre 1831, 25 novembre 1831, 23 décembre 1831. — Grenoble, 3 mai 1831. — *Contra :* Toulouse, 20 juillet 1831, 29 septembre 1831. — Poitiers, 13 janvier 1831. — Le conseil d'Etat a reconnu sa compétence pour ces cas : ord. 16 décembre 1830.

reposer que sur une subtilité. Il faut choisir : ou bien le législateur n'entend déclarer abusives que les infractions aux lois du culte qui n'ont pas d'autre sanction que la proclamation de l'abus, mais alors la jusisprudence de la cour suprême est fautive ; ou bien le législateur a voulu que tous les actes se rattachant au culte soient susceptibles du caractère abusif, et alors le système de la cour de cassation est encore vicieux. Il n'y a point ici de milieu[1].

II. A présent, quel est le rôle du conseil d'Etat, quand les formalités sont remplies, quand les conditions nécessaires à l'existence de l'abus se trouvent réunies? Il doit déclarer que l'abus existe ou qu'il n'existe pas ; dans ce dernier cas, il rejette la requête qui l'a saisi. Telle est la sentence que lui impose une jurisprudence plusieurs fois séculaire, car, pour la loi, elle se borne à disposer que «le conseil d'Etat termine l'affaire définitivement dans la forme administrative ou la renvoie, selon l'exigence des cas, aux autorités compétentes.»

III. Peut-il aller au delà ? ordonner la suppression du mandement ou des actes abusifs, enjoindre à l'ecclésiastique de ne point récidiver ? Sur ces questions la jurisprudence du conseil d'Etat est affirmative. Sans doute, dans la première hypothèse, la loi n'édicte point

1. Parmi les partisans du système qui veut la déclaration préalable de l'abus dès que l'acte est commis dans l'exercice du culte : Cormenin, Questions de droit adm. t. I, p. 235 ; Affre, Traité de l'administ. des paroisses, p. 586; Mangin, Traité de l'action publique, t. II, p. 27.

Dans le sens contraire : Chauveau et Faustin Hélie, Théorie du Code pénal, t. II ; Vuillefroy, Traité de l'administ. du culte catholique, p. 17.

cette suppression et elle n'en charge point le conseil; mais outre que cette suppression est de tradition, outre que la loi renvoie simplement aux précédents par cette énonciation laconique: «le conseil termine l'affaire définitivement», ce qui signifie comme elle se terminait sous les parlements — sinon comment la terminerait-il? — outre cela, la loi exige toujours la suppression des écrits délictueux[1]; et il est naturel de penser que le conseil est compétent pour prononcer cette suppression, puisqu'il est juge de l'abus, lequel ne résulte que du fait matériel. On peut ajouter que le conseil est revêtu d'une sorte de caractère politique qui lui donne naturellement une latitude plus grande et lui continue les droits politiques aussi des parlements. Et c'est pourquoi encore, bien qu'un juge ne puisse point enjoindre à un particulier de s'abstenir d'un fait, puisque ce serait procéder par voie de disposition générale et réglementaire, il n'y a aucun scrupule juridique à se faire, en concédant ce pouvoir au juge des abus.

IV. Il est souvent arrivé que le conseil d'Etat, en proclamant l'abus, ait renvoyé aux tribunaux compétents pour la poursuite du crime ou du délit concomitant[2]; il est arrivé plus souvent qu'en prononçant l'abus, il ait déclaré ne pas autoriser les poursuites, soit parce que le délit ne lui paraissait pas suffisamment caractérisé, soit parce qu'il croyait devoir admettre les excuses du délinquant[3].

1. Loi du 17 mai 1819, art. 23. — Loi du 26 mai 1819, art. 29.

2. Voy. not. cons. d'Et. 16 décembre 1830, 29 novembre 1829 (fins civiles).

3. Cons. d'Et. 28 avril 1818, 18 mars 1841, 8 mai 1841, 26 novembre 1829. — Cette ordonnance, en n'autorisant pas les

Pour le premier cas, M. Cormenin pense que la jurisprudence du conseil est erronée et qu'elle consacre elle-même un abus de pouvoir : «s'il n'y a qu'abus, il doit se borner à le dire. S'il y a crime ou délit civil, il doit, comme en matière de mise en jugement, renvoyer simplement l'ecclésiastique inculpé devant les tribunaux, sans déclaration préalable d'abus. En effet, la déclaration d'abus est une condamnation administrative du plus haut degré, et cette condamnation administrative pourrait entraîner, par analogie de préjugé, la condamnation judiciaire[1].»

Cette proposition et les raisons qui l'étayent sont fausses, puisque, comme on l'a démontré (et ici on peut à juste titre invoquer l'ancienne jurisprudence, que nul principe nouveau ne vient modifier), l'abus a son juge naturel, comme le délit le sien ; puisque d'ailleurs le premier est par essence préjudiciel au second : ce qui ne signifie nullement que l'abus déclaré amènera la condamnation en préjugeant ou en présupposant la culpabilité, mais seulement que le délit n'étant possible que dans le cas d'abus, on ne pourra apprécier le fait délictueux que lorsqu'il sera légalement constant qu'il est abusif. Et effectivement il se fera souvent que l'abus existe sans le délit, car le premier ne résulte que du simple fait, tandis que le second sera toujours le résultat de plusieurs autres circonstances, dont la principale est l'intention, l'élément moral, qui n'est pas nécessaire pour l'existence de l'abus.

Du reste, nous croyons aussi que le conseil n'est pas compétent pour cumuler la déclaration d'abus et le

poursuites criminelles, permettait les poursuites à fins civiles. — Cons. d'Et. 20 août 1829, 16 décembre 1830.

1. Droit administ. t. I, p. 230.

renvoi aux tribunaux, et nous allons le prouver en démontrant qu'il ne l'est pas davantage pour déclarer l'abus et défendre à la fois ou ne pas autoriser les poursuites criminelles.

Nous heurtons, il est vrai, une jurisprudence constante, une doctrine univoque, mais la solution n'en est pas moins claire et facile. Nous répéterons que la garantie constitutionnelle est étrangère aux ecclésiastiques et que rien n'y équivaut. Or, n'est-il pas sensible que, si le conseil d'État a le pouvoir d'accorder ou de refuser la mise en jugement, cette garantie leur appartient réellement, quoique déguisée sous un autre nom. Le conseil juge l'abus, rien de plus. La loi ne l'a point chargé d'examiner s'il est opportun d'exercer une poursuite judiciaire ou s'il ne l'est pas. Si l'abus n'est pas décrété, le délit est juridiquement impossible ; si l'abus est reconnu constant, le conseil a rempli sa mission, il est dessaisi ; le délit est possible et c'est à une autre magistrature qu'il appartient d'en connaître. Que fait en réalité le conseil en refusant ou en autorisant la poursuite? Il s'immisce dans les fonctions judiciaires; il apprécie le délit, il en pèse les éléments, il s'en constitue le premier juge; et s'il autorise les poursuites, c'est alors qu'il est vrai de dire qu'il établit un préjugé immense en faveur de la condamnation. Mais où trouve-t-on que, en dehors de la garantie des fonctionnaires publics, laquelle ne concerne pas le clergé, le conseil d'État ait ce droit? où a-t-on lu notamment que les lois du culte le lui attribuent ?

Donc, s'il est déclaré qu'il n'y a point abus, l'affaire est entièrement et définitivement terminée. Dans le cas contraire, la déclaration clot la compétence du conseil. Mais elle affirme en même temps que le prêtre n'a point agi dans l'ordre spirituel, le replace par conséquent au niveau du commun des citoyens et rend ainsi à la justice son cours ordinaire. Voilà ce qu'est pour nous la théorie de l'abus.

Si donc, dans une décision portant déclaration d'abus, les poursuites n'avaient point été autorisées, comme, tout en tenant compte du rôle spécial du conseil d'Etat qui cependant n'est en définitive qu'un juge, tout en reconnaissant sa juridiction indépendante et parallèle aux autres juridictions, sa décision, à la dernière partie de laquelle échappe d'ailleurs le caractère de la chose jugée, ne saurait anéantir les droits et étouffer les attributions des autres autorités, nous pensons que l'action publique ou l'action civile pourrait avoir lieu, nonobstant la défense. Ainsi les cours impériales ont le droit d'ordonner aux procureurs généraux de poursuivre les délits. Ce droit ne s'arrête que devant les fonctionnaires publics et la raison en est, ce qui est une dernière raison décisive pour notre thèse, dans la séparation de l'autorité judiciaire et de l'autorité administrative, séparation dont la garantie constitutionnelle n'est que la sanction. Le pouvoir des cours est donc absolu, sauf cette restriction. Quand on lui présentera l'arrêt du conseil d'Etat, n'autorisant point les poursuites, la cour fera très-justement ce raisonnement très-simple : le conseil, par la proclamation de l'abus, a résolu la question préjudicielle et levé le seul obstacle qui s'opposait à l'exercice de mon droit; en n'autorisant point l'action judiciaire, il s'arroge précisément mes attributions; sa décision illégale, inconstitutionnelle, qui n'est pas d'ailleurs un acte de juridiction contentieuse et ne renferme pas les éléments constitutifs d'un jugement, ne me lie pas plus que ne me lierait la défense faite par le conseil d'Etat de poursuivre un simple particulier[1].

Que si l'abus était prononcé, non contre un ecclésiastique, mais contre un fonctionnaire, il en serait différemment, et on en devine le motif: c'est que le refus ou l'autorisation de poursuite, quoique concomitant à la déclaration d'abus, n'aurait cependant point sa source dans cette déclaration et dans l'appel comme d'abus, mais dans la garantie constitutionnelle.

La doctrine que nous venons d'émettre et de soutenir semble avoir l'avantage de s'appuyer sur les principes les plus certains et de se concilier surtout avec la solution, telle que nous l'avons adoptée, de ce grand problème : à savoir, si l'acte abusif et délictueux tout ensemble peut être réprimé sans l'intervention du conseil d'Etat ; elle semble assigner à chacun son rôle et le maintenir dans les limites de sa sphère : au juge des délits, elle ne permet point de s'ingérer dans l'examen d'un fait qui se présente protégé par le caractère sacerdotal; au juge de l'abus, elle ne permet pas de s'ingérer dans l'examen d'un fait qui n'est plus protégé par ce caractère.

Il est une objection toutefois qu'on pourrait élever en argumentant de cette disposition législative: «l'affaire sera suivie et définitivement terminée dans la forme administrative *ou renvoyée, selon l'exigence des cas, aux autorités compétentes.*» L'objection ne serait point fondée, ni d'après la lettre, ni d'après l'interprétation saine de la loi: d'après sa lettre, car il est dit : «l'affaire sera

1. Nous ne parlons pas du droit de poursuite du procureur général, parce que le procureur général est effectivement lié par l'ordre de son supérieur, le chef de l'Etat, qui sanctionne la décision de son conseil.

terminé *ou* renvoyée.» La conjonction *ou* dénote assez que le renvoi n'a lieu que dans le cas où le conseil juge que l'affaire n'est pas de sa compétence. C'est évidemment là aussi ce qu'a voulu exprimer le législateur, et le texte doit se comprendre en ce sens que si le fait déféré à la connaissance du conseil relève d'une autre juridiction, il s'abstiendra et renverra. Ainsi l'a-t-il souvent fait, en renvoyant à se pourvoir devant l'ordinaire; ainsi le fera-t-il en renvoyant devant la cour d'assises ou devant le tribunal correctionnel, dans les causes étrangères à l'abus. En un mot, deux interprétations sont possibles; il faut choisir celle qui, suivant le précepte de Celsus, ne renverse pas des règles certaines, ne lèse point des principes fondamentaux et se concilie avec le droit commun, surtout si elle est parfaitement conforme au but où tendait le législateur, surtout si l'on s'explique clairement par elle la volonté de la loi : *in ambigua voce legis ea potius accipienda est significatio, quæ vitio caret, præsertim cum etiam voluntas legis ex hoc colligi possit*[1].

V. Enfin, le conseil peut-il dire qu'il n'y a lieu à statuer et renvoyer le réclamant des fins de sa demande, si l'abus n'est pas notoire. Nous avons dit que les anciennes ordonnances exigeaient la notoriété publique de l'acte abusif, mais nous avons ajouté que les parlements n'en avaient point tenu compte. Qu'en est-il aujourd'hui? Nous pensons que, d'après la loi de germinal, cette notoriété n'est pas nécessaire, car la loi ne l'impose point comme une condition et d'ailleurs il est dans son esprit que cette condition n'existe pas, au moins en certaines circonstances. Ainsi, qu'il s'agisse d'une op-

1. L. 18. Dig. *de legibus senatusque cons.*

pression quelconque contre un citoyen, par exemple d'un refus injurieux et arbitraire de sacrements, on ne voit pas pourquoi on exigerait la publicité de ce fait, que la personne offensée tient peut-être à tenir caché. Si le législateur a réprimé le scandale public, il a aussi entendu donner un recours contre l'oppression pure et simple.

VI. Reste une dernière question : le conseil d'Etat peut-il revenir sur une décision qu'il a rendue en matière d'abus, ou bien la sentence a-t-elle épuisé sa compétence? C'est demander, en d'autres termes, si son arrêt a le caractère de la chose jugée. Or, il est reconnu que les appels comme d'abus ne rentrent point dans la juridiction contentieuse, d'où il semblerait que l'autorité de la chose jugée n'existe pas et que le conseil, sur la démarche des intéressés, peut être saisi de nouveau. Il répugne cependant d'accepter cette conclusion. S'il est vrai que, quant à la forme, il n'y a point là de matière contentieuse, elle l'est cependant quant au fond; en réalité, tous les éléments qui constituent la chose jugée s'y retrouvent, et il serait inadmissible qu'on pût remettre en question la décision intervenue.

Mais s'il faut reconnaître aux déclarations d'abus le caractère de la chose jugée, il faudra aussi leur appliquer les règles qui régissent cette dernière et qui sont du reste compatibles avec la juridiction du conseil d'Etat et la nature de l'abus [1]. Notamment on peut attaquer les décisions par la tierce-opposition [2].

1. Ainsi l'appel serait incompatible avec la juridiction du conseil et l'opposition avec la nature de l'appel comme d'abus.

2. Voy. Cassat. rej. 14 mars 1809, combiné avec art. 37 du décret du 26 juillet 1806.

POSITIONS.

En fait de science, défie-toi des partis et de leurs systèmes. Examine ceux-ci pour connaître, pour comparer et pour juger, non pour en être l'esclave.
Silvio Pellico, Des devoirs des hommes, chap. XV.

DROIT ROMAIN.

I.

La communauté de nom suffit pour établir la gentilité, pourvu d'ailleurs qu'il y ait origine perpétuellement ingénue et qu'il n'y ait pas diminution de tête actuelle.

On sait que le problème de la gentilité est peut-être le problème le plus délicat des antiquités du droit romain et celui sur lequel il y a encore le moins de certitude.

Il convient d'indiquer dès l'abord la source principale que nous connaissions sur la *gens* et les *gentiles* et qui est cette phrase extraite des Topiques de Cicéron :

Gentiles sunt qui inter se eodem nomine sunt; non est satis, qui ab ingenuis oriundi sunt; ne id quidem satis, quorum majorum nemo servitutem servivit: abest etiam nunc, qui capite non sunt deminuti. Hoc fortasse satis est.

Il importe de remarquer que Cicéron, dans ces paroles, entendait donner une définition parfaite. S'il parle des *gentiles*, c'est en quelque sorte par un effet du hasard; il se proposait de donner un exemple de définition qui ne laissât rien à désirer. Sa définition des *gentiles* doit donc être complète. Elle ne doit renfermer que le nécessaire, mais absolument tout le nécessaire; autrement elle serait mauvaise. Or, on ne peut supposer sans absurdité que Cicéron, s'efforçant de donner un exemple de définition complète, n'ait point réussi à le faire, surtout sur un point dont aucune abstraction ne rendait la définition difficile.

La définition doit être d'autant plus parfaite que Cicéron ajoute immédiatement : *Nihil enim video Scævolam pontificem ad hanc definitionem addidisse.* Voilà donc non plus seulement Cicéron, mais encore Scævola qui définit la gentilité. Il ne peut donc rien manquer à cette définition.

Pourquoi donc ces controverses entre les romanistes les plus éminents de l'Allemagne et de la France? Il n'y avait qu'à copier, ce semble, la définition Cicéronienne. Eh bien! — nous ne ferons point un mystère de notre pensée — c'est peut-être parce qu'on a étalé trop d'érudition et de science. On a trop cherché et surtout cherché trop loin; on a tellement approfondi que la lumière de la définition a cessé de paraître dans ces profondeurs. Tout ce qu'il y a de plus ingénieux, mais aussi de plus hypothétique, a été mis en avant, et, en définitive, on a expliqué l'obscur par le plus obscur.

Chacun a pris pour point de départ de son système la définition de l'orateur romain. Et la conclusion du système posé, qu'est-il resté de la définition? Rien ou à peu près rien. On va en juger par l'exposé rapide que nous allons faire des principaux systèmes.

L'opinion qui paraîtrait la plus vraisemblable et que notre maître, M. Heimburger, considérait comme telle, est celle qui place l'origine de la gentilité dans les lignes transversales supérieures (et leur descendance) de la famille romaine. L'agnation n'existe, dit-on, qu'à l'égard de ceux qui sont ou qui auraient été, s'il vivait encore, sous la puissance de l'aïeul. Mais au-dessus de l'aïeul, qui forme l'origine du lien d'agnation, se trouve le bisaïeul, le trisaïeul, qui ont pu avoir plusieurs enfants, desquels sont dérivées plusieurs familles, dont les descendants n'ont jamais pu se trouver sous la puissance de l'aïeul *de cujus*; donc, conclue-t-on, les descendants de cet aïeul et les descendants des autres enfants du bisaïeul (du trisaïeul, etc.) ne sont pas agnats entre eux. Ils sont *gentiles*.

Voici un tableau de la gens dans ce système :

- atavus
  - abpatruus .... *Ejus descendentes* { ....
  - abavus
    - propatruus .... *Ejus descendentes* { ....
    - proavus
      - avi frater .... *Ejus descendentes* { ....

GENTILES

      - avus
        - patruus, *patruelis*, *patruelis filius*, *nepos*, etc.
        - pater
          - frater, *frater filius*, *nepos*, *pronepos*, etc.
          - filius,
            - *nepos*, *pronepos*, *abnepos*, etc.

} agnati

On voit que cette explication sort singulièrement de la définition complète de Cicéron, qui n'exige que la communauté de noms, tandis qu'ici on exige formellement la dérivation certaine d'une même souche, et, en réalité, quoiqu'on le nie, d'une même famille. Néanmoins elle a le mérite de ne contredire la définition qu'implicitement, c'est-à-dire en y ajoutant. Malheureusement elle est opposée aux textes et à la nature même de l'agnation; car, comme on l'a objecté dès l'origine à M. Lafférière, la limite qui arrête la famille à l'aïeul est arbitraire, et d'ailleurs il est possible que le bisaïeul ait sous sa puissance ses arrières-petits-enfants. Dans la gens ainsi conçue, il n'y a vraiment qu'un lien d'agnation. Il est évident que l'*avus*, qui est agnat du *nepos*, est lui-même l'agnat du *proavus*, de l'*abavus*, qui sont agnats avec leur descendance; or, est-il admissible que deux personnes qui sont agnats avec une troisième, centre de l'agnation, ne soient pas agnats entre elles? Cela nous paraît tout à fait impossible.

C'est aussi, quoi qu'on ait dit, ce qui résulte des textes, car ils nous répètent tous que les agnats ne sont autre chose que les cognats engendrés par les mâles; les agnats, ajoutent-ils sous forme d'explication, sont ceux qui se trouvaient sous la puissance du même père de famille, s'il vivait encore: ce qui revient à dire que ce sont ceux qui sont issus du même père de famille. Or, le *pater* ou le *filius* d'un côté, et de l'autre le *pronepos* ou l'*abnepos* de l'*abpatruus* ou de l'*atpatruus* seraient sous la puissance de l'*atavus* ou du *tritavus*, comme aussi ils sont cognats entre eux.

Dans cette opinion, on confond donc en réalité la gentilité avec l'agnation. Nous ajouterons qu'on ne voit guère dans la *gens* ainsi comprise la raison de la nécessité de l'ingénuité perpétuelle.

Un autre système, qui a eu un grand retentissement en France, mais surtout en Allemagne où il s'est développé, après avoir pris naissance en Italie, restreint le droit de gentilité à la classe patricienne. La gens est, dit-on, une sorte d'agrégation politique de familles patriciennes ayant un nom commun, un culte et des sacrifices communs. C'est la noblesse patricienne qui engendre les droits de gentilité. On demande où tout cela se trouve dans la définition de Cicéron.

Enfin une troisième doctrine, également importante, consiste à voir dans la gentilité le partage exclusif des patrons et des familles affranchissantes relativement aux biens des enfants et des descendants des esclaves affranchis. Rien de ceci encore dans la définition. Du reste, ce système repose sur le principe que les membres de la famille perpétuellement ingénue sont à la fois agnats et gentils. Or, cette hypothèse, car ce n'est qu'une hypothèse, est contraire à la loi des XII Tables, qui n'appelle les *gentiles* à l'hérédité qu'à défaut d'agnats et en fait ainsi une classe à part et distincte. Puis il ne reste aucun vestige de ce prétendu droit des patrons, et certes il en serait fait mention dans les textes ici ou là à côté des droits du patron sur les biens des affranchis; et enfin il est manifeste que si ce droit eût existé, il eût eu pour cause la quasi-agnation, non la gentilité. Mais l'argument le plus décisif peut-être contre cette théorie, c'est, comme on l'a remarqué, qu'elle réduit à bien peu de chose un élément général, nous ne dirons pas avec M. Laffériére, de la famille romaine, mais du principe antique des successions.

Les autres systèmes rentrent plus ou moins dans l'un de ces trois; il est inutile de s'y arrêter. Mais il en est un qu'on a le plus dédaigné, qu'on a appelé un système de littérateur plutôt que de jurisconsulte, et qui nous paraît cependant avoir le plus approché de la vérité. La *gens* serait véritablement la famille entre les membres de laquelle la communauté de noms prouve une origine commune, mais si éloignée qu'il n'est plus possible d'établir le lien d'agnation.

Ce que nous savons assurément, c'est que la définition de Cicéron étant ce qu'elle doit être, contient nécessairement tous les éléments qui constituent la gentilité. Or, l'élément principal, c'est le nom commun; on n'exige rien de plus: pas d'agnation, pas de lien de famille spécial; le nom, voilà tout. C'est encore ce que dit Festus: *gentiles mihi sunt qui meo nomine appellantur*. Et le même Cicéron, dont on sait que le *nomen* était *Tullius*, dit en parlant du roi *Servius Tullius*: «*regnante meo gentili.*» Il importe peu que ce soit ou non par plaisanterie qu'il l'appelle ainsi. Sans doute, il y avait une sorte de plaisanterie à appeler son *gentilis* le roi Tullius qui avait vécu plusieurs siècles avant lui; mais eût-il pu l'appeler ainsi, s'il n'y avait pas eu un rapport quelconque entre le fait et l'expression; et quand on rapproche cette expression de la définition, le rapport devient tellement sensible et la lumière tellement vive, que le doute semble désormais impossible. Mais comment se fait-il que cette communauté de noms, qui constitue le lien de la gentilité, suffise pour établir un droit de succession? A cela nous pourrions nous borner à répondre que nous n'en savons rien et qu'il nous suffit que le fait soit certain; car, quand un fait est certain, tous les raisonnements, toutes les objections accumulées contre lui ne peuvent faire qu'il ne soit pas, comme aussi l'impuissance absolue de l'expliquer ne prouve rien contre lui. Néanmoins il est possible de s'en rendre compte raisonnablement. A Rome, l'État n'est pas héritier; il ne succède pas par déshérence. D'autre part, on sait que mourir sans héritier a de tout temps été considéré comme une sorte d'opprobre. De là l'institution des héritiers nécessaires. De là aussi la tendance, le besoin naturel d'étendre les ordres des héritiers. A défaut d'héritiers siens et d'agnats, l'hérédité eût été vacante et vendue. C'est ce qu'il faut éviter; mais à qui sera-t-elle déférée? Pas aux cognats, qui ne font point partie de la famille romaine, auxquels la loi ne reconnaît comme tels aucune capacité juridique. Elle sera déférée à des citoyens romains se trouvant dans des conditions telles qu'ils soient préférables à tous autres. La marque de cette préférence se trouve dans le nom qui prouve par lui-même qu'il devait y avoir communauté d'origine. Mais le nom ne suffit pas; il faut encore l'ingénuité perpétuelle et l'intégrité de l'état de famille. Pourquoi cela? On peut en donner deux raisons; on peut y voir l'effet de l'influence aristocratique et patricienne, qui devait considérer comme indigne de faire partie de la *gens* celui qui avait été réduit en servitude. La *gens*, composée de tous ceux qui portent le même nom, ne doit contenir que des noms sans tache. Voilà pourquoi, bien que la gentilité ne repose que sur l'ingénuité et non sur la noblesse, les patriciens avaient presque exclusivement des *gentes*. Effectivement il fut un temps où toutes les familles plébéiennes durent avoir un de leurs membres ou un de leurs ancêtres réduits en servitude, alors que tous les plébéiens étaient les débiteurs des patriciens, que les palais de ces derniers, suivant Tite Live et Denys d'Halicarnasse, étaient devenus autant de prisons particulières, et que le résultat final pour les débiteurs était la servitude. De là la célèbre parole de Decius Mus : *vos solos gentem habere!* ce qui est très-vrai, quand on l'explique en fait, mais ce qui est très-faux, quand on en conclut l'impossibilité légale de la gentilité pour les plébéiens, ainsi que l'a fait feu Niebhur. De là aussi la rareté de ces successions, suivant Paul : *Intestatorum hereditas lege XII tabularum primum suis heredibus, deinde agnatio et aliquando quoque gentibus deferebatur.* D'ailleurs les liens d'agnation sont eux-mêmes rompus par la réduction en servitude, qui détruit les rapports avec la cité; il en est de même de la gentilité, qui est un lien civil.

Il faut en dire autant de la diminution de tête. Lorsqu'il y a petite diminution de tête, la seule qui puisse faire difficulté, l'individu sort de la famille, l'agnation n'existe plus. S'il était douteux auparavant qu'il appartînt réellement à la famille primitive, à la *gens* par conséquent, il est certain qu'il n'en fait plus partie, maintenant qu'est intervenue la diminution de tête. En sortant de la famille, il est nécessairement sorti de la *gens*, qui repose toujours ou du moins est censée reposer sur la famille.

Donc, pour conclure, les *gentiles* sont ceux en qui la communauté de nom dénote et fait présumer une origine commune et en qui des circonstances légales démontrent que le lien de cette origine n'a pas été brisé.

II.

Le contrat *litteris* ne pouvait servir à engendrer une obligation primordiale, mais contenait nécessairement une novation.

On a pensé que le contrat littéral, dans lequel on a vu, comme pour l'obligation verbale, une dérivation du *nexum per æs et libram*, se trouvait dans un parallélisme complet avec la stipulation et qu'il fallait lui appliquer les règles qui régissent cette dernière. Or, la stipulation, qui était un mode fréquent d'opérer une novation, était aussi et avant tout le moyen de s'obliger, sans qu'il y ait eu de contrat antérieur : d'où la conséquence que l'obligation littérale ne supposait pas nécessairement une première obligation qu'elle était destiné à nover.

Or, ceci ne paraît point résulter des textes qui nous sont

connus et paraît contraire à ces textes. Et d'abord, à en considérer l'ensemble, nous les voyons tous parler de l'obligation littérale comme d'une novation. Gaius dit : *Transcriptio fit veluti si quod modo ex emptionis causa, aut conductionis, aut societatis, mihi debeas, id expensum tulero.... veluti si id quod mihi Titius debet, tibi id expensum tulero.* Ailleurs : *Præterea litterarum obligatio fieri videtur.... si quis debere se aut daturum se scribat, ita scilicet* SI EO NOMINE STIPULATIO NON FIAT (1). Sous Justinien, l'ancienne obligation n'est plus en usage, mais enfin ce qu'il en reste doit être en harmonie avec sa nature primitive et l'empereur nous la montre sous forme de novation. Mais ce qu'il y a de plus décisif, c'est le langage de Théophile : «l'obligation *litteris* était ainsi définie jadis : l'obligation *litteris* est une ancienne dette transformée en une nouvelle... par des écrits solennels (2).» Théophile, passant à l'exemple, suppose une dette de cent solides par suite d'un achat, d'une location, à propos de laquelle on veut obliger le débiteur *litteris*, et il ajoute : «la première obligation était éteinte et il en naissait une nouvelle, c'est-à-dire celle *litteris*.»

On le voit, Théophile a voulu nous donner et nous donne clairement la définition de l'antique contrat *litteris*; c'est une novation. L'analyse des Institutes de Gaius va nous montrer également qu'il en est réellement ainsi.

Litteris obligatio, dit ce jurisconsulte, *fit veluti in nominibus transcriptitiis* (3). Ce qui ne signifie pas que l'obligation littérale se contracte comme se contractent ou plutôt se font les *nomina transcriptitia*, mais qu'il y a obligation littérale dans tout *nomen transcriptitium*, et la preuve, outre le sens suffisamment clair de ces mots, c'est l'énumération que fait Gaius des cas d'obligation littérale. L'obligation littérale, c'est évidemment là ce que dit Gaius, a lieu dans trois cas : dans les *nomina transcriptitia*,

1. Gaius, Inst. com., III, § 129 et 134.

2. Traduction de M. Frégier, avocat à la cour royale d'Aix, tit. XXI, de l'obligation littérale.

Voici la traduction de Fabrat, qui est identique : *Litterarum obligatio est veteris nominis in novum creditum per.... solemnes litteras transformatio........ Prior obligatio extinguebatur : novaque litterarum nascebatur.*

3. Inst. com., III, § 128.

dans les *nominia arcaria*, dans les syngraphes et les chirographes. De plus, elle n'a lieu que dans ces trois cas, car on voit suffisamment que le jurisconsulte a entendu donner une énumération complète; il dit que l'obligation a lieu dans les *nomina transcriptitia;* il ajoute qu'il y a encore une autre cause qui l'engendre, les *arcaria*, et même, poursuit-il, on ne peut la considérer comme engendrant une véritable obligation littérale. Enfin il ajoute que l'obligation paraît encore se former littéralement dans les chirographes. Certes, l'énumération doit être complète, puisqu'elle comprend même les cas douteux et ceux qui n'engendrent une obligation qu'en *litteris* apparence.

Quoi qu'il en soit, toutes les causes d'obligation littérale dont il est parlé aboutissent à une novation. Ainsi dans l'obligation qui résulte du *nomen transcriptitium*. Le *nomen transcriptitium* se fait ou *a re in personam* ou *a persona in personam : a re in personam*, lorsqu'une obligation première, et qui vraisemblablement appartenait toujours au droit des gens, est convertie en obligation littérale, laquelle est essentiellement de droit civil et strict; *a persona in personam*, lorsqu'il y a novation par délégation littérale du débiteur. Il en est de même dans le *nomen arcarium*. Bien que l'écriture soit ici plutôt la preuve que la cause juridique de l'obligation, cependant on la range parmi les obligations littérales; et ici encore il y a un engagement antérieur. Enfin, pour le contrat littéral propre aux étrangers, Gaius dit qu'ils peuvent s'en servir, *ita scilicet si eo nomine stipulatio non fiat*, ce qui ne veut pas dire, comme M. Ortolan traduit ces mots : «pourvu qu'il n'y ait pas eu stipulation», car on ne voit pas quel serait ici le sens de cette condition, mais ce qui signifie : pourvu que l'obligation n'ait pas sa source, ou pour parler plus juridiquement, sa cause, dans le contrat littéral, c'est-à-dire pourvu qu'il y ait une obligation antérieure.

Il n'y a pas jusqu'à la controverse qui existait entre les Sabiniens et les Proculéiens qui ne jette quelque lumière sur ce point. Tandis que Nerva estimait que les pérégrins étaient incapables de s'obliger par les *nomina transcriptitia*, Sabinus et Cassius distinguaient entre le *nomen a re in personam* et le *nomen a persona in personam*, affirmant leur capacité dans le premier cas, non dans le second (1). Quelle est la cause de cette

1. Gaius, com. III, § 133.

distinction? C'est sans doute parce que dans la *transcriptio a re in personam*, il existe déjà une obligation valable entre pérégrins et que l'on a jugé trop rigoureux de déclarer nul un engagement déjà valable à leur égard, engagement que l'on entendait seulement nover et corroborer. La validité du contrat principal, si l'on peut ainsi s'exprimer, a protégé l'existence du contrat secondaire. Quand il s'agit de la *transcriptio a persona in personam*, il n'en va plus ainsi, car celui qui s'oblige est étranger à l'obligation primitive; il y a pour lui obligation primordiale. Et comme l'engagement antérieur ne le concernait pas, qu'il n'était lié en aucune façon, on n'a point voulu qu'il puisse user d'un contrat civil, qui ne venait point, comme dans le cas précédent, confirmer une convention déjà efficace à son égard. Or, s'il en est ainsi, il faut conclure à la nécessité d'une première obligation, sans quoi la distinction n'aurait plus de cause, et les Sabiniens, d'accord avec les Proculéiens, eussent certainement proclamé l'incapacité absolue des étrangers; ou du moins eût-il fallu introduire une nouvelle distinction, dont il n'y a aucun indice, et déclarer que les pérégrins, qui pouvaient s'engager *litteris* quand il y avait novation, ne le pouvaient pas quand le contrat littéral n'opérait point de novation.

Ainsi les textes de Gaius, non moins que la définition et l'affirmation positive de Théophile, semblent établir péremptoirement que le contrat littéral ne pouvait servir à former une obligation primordiale et que, lorsque, sous la foi d'une simple analogie, on y voit des effets plus étendus que ceux d'une novation, on tombe dans le roman.

III.

Il faut admettre que le contrat *litteris* pouvait s'employer non-seulement pour les transcriptions *a re in personam* ou *a persona in personam* par délégation du débiteur, mais pour toute espèce de novation; ainsi pour la novation résultant du changement dans la personne du créancier.

DROIT CIVIL.

I.

L'art. 6 du Code Napoléon s'applique surtout aux faits dont l'objet n'est pas un intérêt pécuniaire.

Ainsi on l'appliquera dans les questions de savoir si le prêtre peut se marier, si l'enfant naturel peut être adopté par ses parents, si l'étranger divorcé peut se marier en France, etc.

II.

Quand la femme qui se propose de faire prononcer sa séparation de corps en fait publier la demande, conformément à l'art. 866 du Code de procédure civile, l'effet du jugement qui prononce la séparation remonte, quant aux biens, au jour de la demande.

III.

Le siége du conseil de famille peut être changé dans le cas unique où, après avoir été convoqué et formé d'abord dans un lieu étranger à la famille, par suite de l'ouverture de la tutelle dans ce lieu, le mineur revient plus tard au foyer de sa famille.

IV.

Lorsque deux tuteurs ont été nommés par deux conseils de famille différents, le tribunal doit annuler la nomination faite par le conseil illégalement convoqué, et maintenir la nomination faite par l'autre conseil.

V.

Les parents qui se font remplacer au conseil de famille ont le droit d'imposer à leur mandataire un vote déterminé.

VI.

Le ministère public peut requérir la convocation du conseil de famille à l'effet de faire donner un tuteur à l'enfant qui n'en a pas.

VII.

La prescription de dix ans établie en faveur du tuteur disparaît pour faire place à la prescription trentenaire, lorsque les membres du conseil de famille sont responsables envers le mineur ; car d'une part la responsabilité de ceux-ci n'est prescrite que par trente ans, et de l'autre elle est toujours subsidiaire à celle du tuteur.

VIII.

Les jugements convenus ou d'expédient sont contraires à la loi.

IX.

Il faut, par des raisons d'humanité, *propter favorem legis*, admettre que les bureaux d'assistance judiciaire sont compétents pour accorder la remise des frais en matière de procédure gracieuse.

X.

La cour, saisie en vertu d'un second renvoi prononcé en audience solennelle par la cour de cassation, et tenue de se conformer à la doctrine de celle-ci sur le point de droit, peut se dispenser de donner des motifs à son arrêt, si son opinion est contraire à celle de la cour suprême.

On ne saurait, d'un autre côté, voir une disposition par voie générale et réglementaire dans l'arrêt de cette cour qui développerait les motifs de son opinion contraire à la cour de cassation, et qui, après les avoir développés, dirait : mais attendu que la cour ne peut se décider par ses propres lumières, mais est tenue de se conformer au point de droit jugé par la cour de cassation.

XI.

Le droit de rétention ne peut servir de garantie à une obligation naturelle.

Notre estimable condisciple et ami, M. Glasson, vient de proposer et d'examiner cette question dans sa thèse inaugurale sur le droit de rétention(1). Après avoir examiné les arguments que l'on peut faire valoir dans un sens ou dans l'autre, il arrive à conclure que le droit de rétention peut être invoqué pour garantir une créance naturelle. C'est cette solution que nous venons combattre. Il semble, il est vrai, dit d'abord notre docteur, que le droit de rétention ne soit pas possible, car les effets des obligations naturelles doivent être strictement restreints à ceux dont le Code a fait mention, et on ne voit pas qu'il leur ait donné pour étai le droit de rétention. Au contraire, on reconnait que l'obligation naturelle, que le Code français a proscrite dans les principaux effets qu'elle avait à Rome, n'est plus

1. Strasbourg, 1862. Thèse soutenue le 18 janvier, pages 50 et 57-58

susceptible d'entrer en compensation ; or, si elle ne peut entrer en compensation, n'est-il pas logique et rigoureux de dire qu'on ne saurait davantage lui opposer la rétention.

Mais, d'un autre côté, ajoute-t-on, cette obligation peut servir de base à un gage ou à une hypothèque ; donc *a fortiori* peut-elle être appuyée sur un droit de rétention ; et la preuve en est encore en ce qu'elle peut être valablement cautionnée. Enfin, rien n'indique que le législateur ait entendu la dépouiller de cette prérogative qui existait pour elle jusqu'à lui, et il faut d'autant moins le croire que le droit de rétention a sa racine dans le droit naturel et dans la plus pure équité : «S'il est équitable de donner le droit de rétention à des créanciers qui, indépendamment de cette garantie, jouissent d'une action pour faire valoir leurs droits en justice, ne l'est-il pas encore bien plus de l'accorder à des créanciers qui se trouvent privés de ce dernier moyen.»

Ces dernières paroles que nous avons citées textuellement, et que l'auteur a écrites en faveur de sa doctrine, en sont précisément la condamnation. C'est une chose bonne sans doute et louable que de s'inspirer des principes de l'équité et que de savoir, à l'occasion, résoudre les problèmes épineux du droit avec le secours toujours utile de la morale et de la philosophie ; mais il faut y prendre garde, car il y a un écueil : c'est d'arriver, sous prétexte d'équité, à des conséquences incompatibles avec la loi.

Or, c'est à quoi l'on arrive en posant le droit de rétention en face de l'obligation naturelle. On accorde au créancier un droit que la loi lui a refusé ; on le lui accorde précisément parce que la loi le lui a refusé.

Il suffit, pour s'en convaincre, de réfléchir un instant sur la nature de l'obligation naturelle. Ici nous n'entendons pas entrer dans l'arène des controverses qu'a fait surgir cette matière mal définie et à peine ébauchée par la loi. Cette digression serait superflue, car la loi, dans son texte organique des obligations naturelles, nous fournit, pour le problème dont nous voulons fixer la solution, une base solide et un point de départ assuré.

Ce texte, c'est l'art. 1235, auquel on peut ajouter les art. 1906 et 1907, qui ne sont que des applications du premier. Il y est dit que la répétition n'est pas admise à l'égard des obligations naturelles qui ont été volontairement payées. Donc c'est le paiement volontaire qui donne à cette obligation une existence parfaite; donc, si le paiement n'est pas volontaire, la répétition est valable et le paiement inefficace; donc c'est la volonté seule du débiteur qui donne à l'obligation des effets civils; donc, si cette volonté fait défaut, l'obligation qui existe est comme si elle n'existait pas.

En un mot, l'accomplissement d'une obligation naturelle, aujourd'hui et d'après l'esprit du Code civil, ne peut être imposé au débiteur que s'il la reconnait et la consacre. Lui seul est capable de lui donner la vie légale, et pour employer une expression des scholastiques qui s'applique parfaitement ici, c'est lui qui la fait passer de la puissance à l'acte.

Mais s'il en est ainsi, la conséquence logique qui en découle, c'est que l'on ne peut contraindre par aucun moyen le débiteur à s'exécuter; autrement ce ne serait plus dans sa libre volonté, mais dans les moyens de contrainte dirigés contre lui, que le paiement aurait sa source. Que faites-vous en retenant la chose du débiteur naturel qui se refuse à vous payer? Vous lui dites: «vous refusez d'accomplir votre obligation; il est vrai que la loi vous y autorise, il est constant que je ne puis rien exiger, si vous n'y consentez; il est incontestable que votre volonté est nécessaire pour rendre l'obligation parfaite et efficace; mais je sais un moyen d'éluder tous ces obstacles et de vous forcer à me payer; je retiens votre meuble ou votre immeuble, et comme vous tenez à sa possession, vous voilà bien obligé de me donner d'abord satisfaction.» On demande si cela est possible et s'il est permis d'user d'un pareil détour pour arriver à un but dont la loi a défendu l'accès,

Il y a plus encore: la rétention n'aurait aucune espèce de cause. Car, on l'a vu, l'obligation naturelle est à considérer comme n'ayant de valeur et d'existence que du jour où elle reçoit sa sanction du débiteur. Il n'y a rien, tant que cette sanction n'existe pas. C'est qu'en effet il faut se garder de se laisser éblouir par ces mots: «obligation naturelle», que nous a légués le Droit romain. A Rome, il y avait vraiment des obligations naturelles que l'équité prétorienne avait admises en face des obligations civiles; mais la vérité est qu'il n'y en a plus aujourd'hui. Le mot est resté, la chose a changé. Ce que le Code appelle ainsi, ce sont les devoirs que des raisons spéciales l'ont déterminé à dénuer de toute vertu légale, de toute action juridique, mais qu'il a permis au débiteur d'élever au rang d'obligation : de telle sorte qu'avant le fait du débiteur, il n'y a, comme on vient de le dire, absolument rien, si ce n'est une matière pouvant servir de base à une obligation ; de telle sorte aussi qu'après la reconnaissance du débiteur, ce n'est plus une obligation naturelle qui existe, mais une véritable obligation civile (1). Ainsi l'obligation naturelle ne se rencontre à aucun moment. Mais si cela est, nous avions raison de dire que l'exercice de la rétention serait sans cause, puisqu'il n'y a point d'obligation de la part du débiteur.

C'est évidemment pour toutes les raisons qu'on vient de lire qu'une doctrine à l'abri de toute critique affirme que les obligations naturelles n'entrent point en compensation, tandis qu'en Droit romain la compensation les atteignait. Pourquoi en est-il ainsi? N'est-ce point par le motif qu'admettre la compensation, ce serait donner à l'obligation naturelle un effet indépendant du consentement du débiteur?

L'argument d'analogie de la compensation et de la rétention n'est nullement nécessaire à la théorie que nous soutenons ; mais on voit de quel poids il pèse sur le problème ; car qu'est-ce que la rétention, si ce n'est une compensation *sui generis*. Et si

1. MM. Aubry et Rau (t. III, § 297, p. 6) enseignent que l'accomplissement volontaire d'une obligation naturelle ne lui confère cependant pas le caractère d'obligation civile. Mais il n'y a là qu'une équivoque dont la preuve se trouve dans ces paroles qu'ils ajoutent immédiatement : « Ainsi l'exécution partielle d'une obligation naturelle n'autorise pas le créancier à réclamer par voie d'action le paiement du surplus de cette obligation. » Si nous contestons l'exactitude de leur proposition principale, nous reconnaissons la justesse de leur conclusion. Il est facile de s'entendre. Si nous disons que l'obligation naturelle devient civile par la sanction du débiteur, qui est ici au lieu et à la place de la loi même, ce ne peut être que pour ce qui fait réellement l'objet de sa sanction. Et quand il n'accomplit qu'une partie de l'obligation naturelle, il est évident que cette partie seule s'est transformée en obligation civile et que l'autre partie continue à rester dépourvue de tout effet.

la compensation, qui certes a des racines aussi profondes dans le droit naturel que la rétention, n'est pas possible, comment la rétention le serait-elle? Mais négligeons l'argument et bornons-nous à dire qu'on ne saurait sans inconséquence rejeter la compensation pour autoriser la rétention.

Si maintenant nous descendons de la théorie aux applications de la pratique, nous remarquerons d'abord qu'en admettant la légitimité du droit de rétention opposé aux obligations naturelles, l'exercice de ce droit sera d'une excessive rareté. La raison en est, qu'en présence du silence de la loi, on ne pourrait se prévaloir de ce droit qu'en cas de connexité entre la créance et l'objet retenu; or, il est bien difficile d'imaginer des cas de ce genre. Malgré cela, on peut trouver des hypothèses où il serait susceptible d'être mis en action; mais ces hypothèses mêmes vont démontrer que son usage est inadmissible.

On convient que c'est une obligation naturelle d'exécuter la volonté d'un mourant, quoiqu'elle n'ait été manifestée que verbalement et non sous la forme testamentaire (1). Qu'une déclaration nuncupative ait donc eu lieu, de laquelle il résulte que l'héritier devra donner une certaine quantité de fruits perçus sur tel immeuble actuellement en la possession de ce tiers, pense-t-on que celui-ci sera bien venu à retenir l'immeuble, pour forcer l'héritier à acquitter sa dette naturelle, et ne voit-on pas qu'une réponse affirmative serait la violation la plus flagrante de la loi sur les testaments?

Ou bien un jugement déclare qu'une créance, qui se trouvait protégée par un nantissement, n'existe pas. Mais ultérieurement il se découvre, et le débiteur lui-même reconnaît que la créance existait réellement et que les juges ont erré; cependant, se retranchant derrière le jugement, il refuse de la faire revivre et de la payer (2). Le créancier, en cette occurrence, et malgré la mauvaise foi de son débiteur, sera-t-il reçu à soutenir qu'une obligation naturelle ayant pris la place de l'obligation civile, il est autorisé à garder l'objet du nantissement qu'il détient encore et d'en user à titre de rétention? Que deviendrait l'autorité de la chose jugée?

1. Aubry et Rau, loc. cit. — Cassat., rej., 26 janvier 1826.
2 Ce qui est une obligation naturelle. Aubry et Rau, loc. cit., p. 5.

Autant vaudrait dire que le détenteur d'un immeuble, dont le testateur lui aurait légué verbalement la propriété, aurait droit de se maintenir en possession de cet immeuble. Autant vaudrait dire que le défendeur en revendication d'un immeuble, après avoir été débouté, resterait cependant propriétaire effectif de l'immeuble à la faveur de l'obligation naturelle. Car ce seraient là des rétentions, avec la seule différence qu'elles porteraient sur les objets mêmes de l'obligation.

Il reste ainsi démontré que l'obligation naturelle n'est jamais garantie par le droit de rétention ; mais il est clair, et nos explications l'ont établi par avance, que cela n'est vrai que du droit de rétention légale. Quant à la rétention conventionnelle, nous ne faisons aucune difficulté d'admettre qu'elle est valable, comme nous croyons que l'obligation naturelle peut être appuyée sur un gage ou sur une hypothèque. Mais ce serait encore une belle question que d'examiner si la dation d'un nantissement, d'une hypothèque ou d'un droit de rétention n'a pas pour effet de la convertir en une obligation civile et de la munir ainsi d'une action.

XII.

Le droit de rétention conventionnelle ne peut être opposé aux tiers, quand il n'a pas été transcrit. Il en est autrement du droit de rétention légale.

C'est encore une proposition nouvelle due à la sagacité de M. Glasson que nous venons discuter (1). D'après lui, le droit de rétention ne serait jamais soumis à la nécessité de la transcription ; seulement il s'en serait plus naturellement ainsi pour la rétention exercée en vertu d'une constitution d'antichrèse, puisque celle-ci est sujette à la transcription.

Mais si la transcription est nécessaire pour l'antichrèse, pourquoi ne le serait-elle pas pour la simple rétention conventionnelle? Qu'est-ce en effet que l'antichrèse, sinon la concession d'un droit de rétention, plus le droit de percevoir les fruits de l'immeuble constitué? Mais en quoi ce droit de percevoir les fruits qui existe dans l'un des contrats, non dans l'autre, est-il susceptible de conduire à deux solutions différentes?

1. Thèse, pages 63-64.

Vous êtes mon débiteur, et je veux voir ma créance consolidée par un nantissement. N'est-il pas évident que pour les tiers l'intérêt est le même, soit que l'on me donne un immeuble en antichrèse, soit que l'on me concède un droit de rétention sur un immeuble que l'on me remet ou sur un immeuble que je détiens déjà? Car ce qu'il importe aux tiers de savoir, c'est si l'immeuble est grevé ou non; la perception des fruits n'est ici qu'un accessoire insignifiant. En somme, ce n'est point à cause du droit de percevoir les fruits, mais à cause du nantissement et de la rétention, que la loi soumet l'antichrèse à la transcription; or, la rétention conventionnelle n'est pas autre chose que l'antichrèse, moins le droit de percevoir les fruits; donc elle ne peut être opposée aux tiers qu'en cas de transcription.

On dit, il est vrai, que la loi sur la transcription a énuméré limitativement les droits réels soumis à cette formalité. Si même il en était ainsi, nous dirions que le droit de rétention doit être transcrit, le législateur l'ayant nécessairement compris dans l'antichrèse; c'est en effet une règle de l'interprétation que s'il est défendu de procéder par analogie en présence d'une loi limitative, il ne faut cependant pas aller jusqu'à en exclure les cas qu'elle contient réellement. Mais est-il exact de dire que la loi sur la transcription contienne une énumération limitative des droits réels qui y sont sujets ou, ce qui revient au même, cette loi est-elle une loi d'ordre exceptionnel? A notre sens, il n'y a pas place au doute et l'on peut affirmer avec certitude qu'elle est au contraire une loi de droit commun ou du moins qu'elle forme le droit commun en matière de translation de propriété ou de droits affectant la propriété. Qu'a prétendu le législateur de 1855? Il a voulu que la règle fût que la propriété ou ses démembrements ou ses charges ne fussent plus valablement transmises ou acquises au regard des tiers, que dans le cas où ces tiers eussent été efficacement et préalablement avertis au moyen d'un acte public, comme le législateur de l'an XII voulait qu'ils fussent liés par la simple convention des parties. C'est un nouveau principe substitué à l'ancien. Le droit commun, la règle générale est donc aujourd'hui la nécessité de la publicité de tout ce qui atteint la propriété. Il faut donc dire que l'énumération faite par la loi de 1855 est démonstrative, non limitative, que ce n'est point faire la loi que de l'appliquer aux cas qu'elle n'a pas rigoureusement prévus, toute énumération étant presque nécessairement incomplète aussi bien que périlleuse, et qu'enfin c'est pour de pareilles lois qu'a été inventée la maxime: «*ubi eadem legis ratio et eadem legis debet esse dispositio.*»

Ces raisons conduisent à conclure que le droit de rétention légale est aussi soumis à la transcription. Malgré cela, nous préférons suivre, quant à lui, l'opinion contraire, et voici pourquoi. S'il est vrai que la loi sur la transcription a pour but de rendre publiques toutes les charges qui modifient ou amoindrissent la propriété, il faut reconnaître qu'ici son application aboutirait à l'iniquité, et aurait pour résultat d'anéantir les effets du droit de rétention légale. Un exemple le fera facilement comprendre. Un possesseur a fait sur un immeuble des impenses nécessaires et utiles, dont il exige le paiement avant d'opérer la restitution de l'immeuble. Pouvez-vous exiger qu'il opère la transcription de son droit? Non, le propriétaire est débiteur des impenses actuellement échues, immédiatement exigibles, et qu'il a intérêt à acquitter sans délai. Il ne peut venir en l'idée du possesseur de se mettre en garde contre une éventualité qu'il est dans la nature même du droit de rétention d'écarter; et ainsi forcer le possesseur à transcrire, c'est détruire le bienfait de la loi qui autorise l'exercice de la rétention, dont la simplicité fait le principal mérite: au demeurant, le possesseur se trouve dans une position identique à celle du vendeur et du copartageant. Le législateur a décidé avec sagesse que ces derniers pourraient transcrire la vente ou le partage dans les quarante-cinq ou dans les soixante jours de l'acte, avec effet rétroactif au jour du contrat. La raison en est qu'on ne peut exiger que le vendeur, au moment de la vente, le copartageant, au moment du partage, soient forcés de prévoir qu'on ne leur paiera point le prix ou la soulte qui leur sont dus. Il serait inique de les déclarer déchus de leur prérogative, faute d'avoir fait immédiatement transcrire. Mais si le paiement se fait attendre, il y a de leur part, en n'opérant point la transcription, une imprudence dont il est juste qu'ils subissent les conséquences. Or, analogue est la position du possesseur ou de tout autre rétenteur légal. La formalité de la transcription ne peut leur être équitablement applicable qu'à la condition d'un délai dans le courant duquel ils auraient à transcrire. Ce délai ne saurait être fixé arbitrairement. On ne peut ici user d'analogie et prétendre qu'on appliquera soit le délai donné au vendeur, soit le délai donné au cohéritier, car l'analogie cesse devant une loi particulière, et d'ailleurs est-ce le délai du vendeur que l'on appliquerait ou celui du copartageant? Voilà où est la véritable lacune de la loi, lacune telle que la transcription demeure impossible pour la rétention légale. Du reste il se présente encore différentes difficultés, dans le détail desquelles il est superflu d'entrer, mais dont la principale est que le plus souvent il n'y aura aucun acte instrumentaire pouvant servir de base et d'assiette à la transcription.

XIII.

La loi sur la transcription est sans influence sur les effets de la prescription acquisitive. Ainsi, pour acquérir par dix et vingt ans de possession, le juste titre continue à être suffisant et il n'est pas nécessaire qu'il ait été transcrit.

Voici encore un cas où la transcription nous semble incompatible avec la nature et le but de l'objet auquel elle serait appliquée.

M. Troplong soutient une opinion contraire à notre proposition. Il soutient, dans son commentaire sur la loi précitée (1), que le possesseur qui se présente avec un juste titre, non transcrit, ne saurait opposer sa prescription de dix ou de vingt ans au tiers-acquéreur muni d'un titre transcrit. Les arguments de l'auteur sont de deux sortes : arguments de fonds, arguments historiques, ces derniers tirés de l'usage dans les pays de nantissement, d'une disposition de la loi du 11 brumaire an VII, enfin de l'art. 2180 du Code Napoléon.

Au fond, M. Troplong raisonne ainsi : il est vrai que le possesseur devient propriétaire, moins par son titre que par la prescription; mais le titre n'en est pas moins le fondement de la prescription, puisque celle-ci n'existerait pas sans le titre. Il

1. N° 177 et suivants.

faut donc en revenir au titre pour l'opposer au tiers; or, le titre n'ayant jamais été transcrit ne peut lui être opposé; il ne lui serait pas opposable, s'il n'était accompagné de possession; or, en quoi la possession peut-elle faire disparaître son vice originel à l'égard des tiers? Contre les tiers, dès qu'on se prévaut d'un titre, il est sous entendu qu'il s'agit d'un titre transcrit.

Cette argumentation, solide en elle-même, irréfutable telle qu'elle vient d'être présentée, nous semble pécher par la base. Les effets de la transcription y absorbent ceux de la prescription; celle-ci est complétement dominée, étouffée par celle-là. On ne voit que la transcription et la protection des tiers; on ne tient pas compte de la nature, du rôle et du but de la prescription, ni des droits du possesseur.

M. Troplong dit très-bien que c'est moins le titre qui rend propriétaire que la prescription; nous pensons que c'est la prescription seule et non le titre; et la preuve, c'est que le titre ne conférerait jamais la propriété, tandis que la possession finirait par être efficace au bout de trente ans. La loi, d'ailleurs, n'est pas équivoque; c'est de la prescription qu'elle fait résulter l'acquisition de la propriété. Seulement, lorsqu'il y a juste titre et bonne foi, la possession sera moins longue. Le juste titre et la bonne foi tiennent lieu de dix ou de vingt ans de possession. Le législateur a pensé, et avec raison, qu'il fallait rendre moins longue la possession de celui qui a de sérieuses et légitimes raisons de se croire propriétaire, que celle de celui qui détient sans aucune apparence fondée. C'est à peu près ce que l'orateur du gouvernement exprimait en ces termes: «ces deux conditions étant remplies (le juste titre et la bonne foi), la loi assimile le possesseur de dix à vingt ans à celui qui prescrirait par trente ans. C'est le laps de temps sans la réclamation de la part du propriétaire et la possession à titre de propriété qui sont également le fondement de ces prescriptions.» Mais pourquoi la prescription est-elle plus courte pour le possesseur de bonne foi, avec juste titre? La raison en est évidente, et l'orateur du gouvernement l'exprimait encore ainsi: «dans la prescription pour acquérir, on n'a point seulement à considérer l'intérêt du propriétaire; il faut aussi avoir égard au possesseur, qui ne doit pas rester dans une éternelle incertitude. Son intérêt particulier se trouve lié avec l'intérêt général. Quel est celui qui bâtira, qui plantera, qui s'engagera dans les frais de défrichement et de dessèchement, s'il doit s'écouler un temps trop long avant qu'il soit assuré de n'être pas évincé. — Mais cette considération d'ordre public est nécessairement liée avec une seconde distinction entre les possesseurs avec titre et bonne foi et ceux qui n'ont à opposer que le fait même de leur possession. — Le possesseur avec titre et bonne foi se livre avec confiance à tous les frais d'amélioration. Le temps après lequel il doit être dans une entière sécurité doit donc être beaucoup plus court. — Quant aux possesseurs qui n'ont pour eux que le fait même de leur possession, on n'a point la même raison pour traiter à leur égard les propriétaires avec plus de rigueur que ne le sont les créanciers à l'égard des débiteurs.»

Que résulte-t-il des principes contenus dans ces paroles? Il en résulte clairement, que pour que la possession soit efficace et que la prescription ait lieu, il ne faut envisager le juste titre que par rapport au possesseur. Le titre est l'équivalent d'un temps de possession. On ne demande pas au possesseur : avez-vous un titre dont la transcription ait pu avertir les tiers de votre possession? on lui demande : avez-vous un titre qui ait pu vous faire croire à vous-même que vous possédiez légitimement et qui mérite que nous abrégions, à cause de la croyance où vous étiez, le temps ordinaire de la possession.

On voit donc qu'il est de la nature même de la prescription de dix à vingt ans que le titre soit uniquement envisagé dans sa relation avec la personne du prescrivant. Qu'est-ce que le juste titre? C'est une cause juridique, *justa causa*, ainsi qu'on l'appelait à Rome, cause revêtue de toutes les apparences légales et qui serait susceptible de produire, sans le vice de naissance dont elle est atteinte, tous les effets analogues à sa nature; c'est, disait encore l'orateur du gouvernement, un titre qui soit de sa nature translatif de propriété et qui soit d'ailleurs valable; et l'organe du Tribunat disait aussi fort bien que «le titre est juste à l'égard de l'acquéreur, quoiqu'il puisse ne l'être pas de la part du vendeur, et la bonne ou la mauvaise foi de celui-ci ne peut être d'aucune considération relativement à l'acquéreur de bonne foi.» Ce qui revient à dire, encore une fois, que le juste titre n'est rien autre chose que la croyance du possesseur à l'acquisition réelle de la chose qu'il possède, croyance sérieuse, reposant sur un fait légitime, suffisant pour autoriser une possession plus courte, une prescription plus prompte.

Quand donc on objecte que la possession ne saurait être valable en face d'un tiers qui est en règle relativement à la transcription, parce que cette possession ne vaut qu'en vertu du titre qui lui sert de base, et que ce titre, qu'il faut nécessairement opposer en même temps que la possession, est nul à l'égard des tiers comme non transcrit, on dénature les effets de la prescription.

L'application de la loi sur la transcription cesse en cette matière, parce que, si la transcription était exigée, il n'y aurait plus, indépendamment d'elle, de juste titre, même pour le possesseur, ce qui ne saurait se concilier avec la théorie de la prescription.

En effet, il le faut ajouter, il est dans la nature de la prescription d'être ou de ne pas être, sans milieu; on prescrit à l'égard de tous ou l'on ne prescrit à l'égard de personne. Or, d'après la doctrine que nous repoussons, on prescrirait à l'égard de ceux qui n'ont pas fait transcrire, non à l'égard des autres. Pour que ce résultat fût acceptable, il faudrait un texte formel qui, changeant les droits de la prescription, disposât qu'il n'y a point de titre à l'égard des tiers qu'il n'ait été préalablement transcrit.

Sinon, voyez l'inconvénient, fort grave assurément, qui se présente : si le titre n'a pas été transcrit, on supprime toute différence entre la prescription de dix ans et celle de trente ans. C'est en vain que vous avez un titre et que vous possédez de bonne foi, on vous place dans la catégorie de ceux qui possèdent sans cause et dolosivement. — Mais que ne faisiez-vous transcrire? — Que signifie donc la règle : *Jura vigilantibus succurrunt non dormientibus?* — Je dis que cette maxime est inapplicable ici, comme elle est inapplicable à toute controverse qui roule sur la question même de savoir si un droit existe ou non; elle n'a cours que quand, le droit étant du reste reconnu, il ne s'agit que de l'exercice de ce droit; d'autant que dans toute autre hypothèse, elle constituerait une pétition de principe, tranchant la question par la question. Je dis qu'en conséquence, malgré le défaut de transcription, il faut qu'il y ait une différence entre celui qui a un titre acquis de bonne foi et celui qui n'a ni bonne foi ni titre, et que nier ici cette différence, ce n'est point concilier la transcription avec la prescription, mais jeter un trouble complet dans l'économie de cette dernière.

Ce fut chez les anciens Romains une question très-controversée que celle de savoir si le juste titre et la bonne foi étaient tous deux nécessaires, ou si le juste titre n'était exigé que comme preuve de la bonne foi, de telle sorte qu'à défaut de titre, elle pût être prouvée autrement et que l'usucapion pût néanmoins s'accomplir. Ainsi Gaius ne parle que de la bonne foi et ne mentionne pas la juste cause. Justinien décida que la juste cause est nécessaire. Il paraît dès lors que la condition de l'usucapion se trouve exclusivement dans la bonne foi, quoique celle-ci ne puisse être prouvée que par le juste titre. Le Code civil n'a fait ici que copier les dispositions du Droit romain, et partant il est logique d'affirmer que le titre n'est requis que pour corroborer, justifier et colorer la bonne foi, mais qu'en définitive c'est elle seule qui est le fondement de l'usucapion. S'il en est ainsi, la proposition que nous émettions se trouve une fois de plus confirmée, à savoir qu'en matière de prescription, on n'a égard qu'à la personne seule du possesseur prescrivant. Il suffit de rechercher s'il a été de bonne foi; or, il prouve sa bonne foi par son titre; la transcription du titre n'ajouterait rien à cette preuve (1). Et ceci semble écarter victorieusement l'argument de M. Troplong, lorsqu'il dit que la propriété est le résultat de la prescription, plutôt que du titre; mais qu'enfin il faut invoquer le titre pour l'opposer aux tiers. Nullement; nous opposons une seule chose aux tiers, la possession; nous lui disons que nous avons possédé de bonne foi; et si nous invoquons le titre, ce n'est que pour affirmer et légitimer la bonne foi, comme nous le prouverions par tout autre moyen, si la loi le permettait.

Enfin, il va se produire une singulière anomalie qui prouve tout au moins la nécessité d'une réglementation spéciale. Secundus achète de Primus l'immeuble Sempronien et fait transcrire le lendemain 1er février 1860; Primus cependant, un mois

1. Mais il est bien entendu que la réalité du titre et la vérité de sa date ne doivent point être contestées et que la durée de la possession doit être prouvée.

plus tard, vend le même fonds à Tertius qui, ne fait pas transcrire, mais qui possède dix ans. Il n'y a point de doute que Tertius ne soit devenu propriétaire, car la transcription opérée par Secundus ne peut donner à ce dernier plus de droits que ceux qu'il tient de la propriété; sa transcription n'a d'utilité que pour le mettre en garde contre une aliénation antérieure faite à son insu; mais elle n'affermit point le domaine, mais elle n'attribue point à la propriété plus de force et de vertu qu'elle n'en a par elle-même. Tertius donc prescrira par dix ans. Si, au contraire, il eût acheté le premier sans opérer la transcription, puis que Secundus, second acquéreur, ait fait transcrire, il ne prescrirait plus que par trente ans. En vérité, est-ce possible? Soit! admettons que le juste titre ne soit pas opposable à Secundus. Cela n'empêchera point qu'il ne reste ce qu'il est bel et bien, un juste titre. Mais alors il faudrait reconnaître au moins que la prescription, suspendue jusqu'à l'acquisition de Secundus, qui n'était point averti par la transcription, commence à courir à partir de cette acquisition. Autrement on arriverait à ce résultat étrange que la transcription aurait pour effet non-seulement d'empêcher l'opposition du juste titre, mais encore, mais même de le dénaturer et de l'anéantir; à ce résultat étrange qu'elle donnerait à la propriété plus de droits qu'elle n'en a par elle-même, puisqu'on prescrit par dix ans contre la propriété (1). En un mot, quand Secundus, second acquéreur, a fait transcrire, nous comprendrions que Tertius ne puisse lui dire un mois, un an, huit ans plus tard: voyez, je viens de prescrire hier, avant-hier, avec juste titre; nous comprendrions que l'on fît répondre à Secundus: non, vous n'avez pas prescrit, car vous ne pouvez m'opposer le titre que, faute de transcription, je ne pouvais connaître au moment où je me suis rendu acquéreur. Mais ce qui, à coup sûr, serait exorbitant, c'est que,

1. Remarquez aussi ce qu'il y aurait d'inique dans ce système où le *premier acquéreur*, dont la bonne foi en définitive est pleine et entière, et auquel on n'aura jamais à reprocher qu'une imprudence résultant de sa bonne foi même et de sa confiance trop grande, ne pourra prescrire que par trente ans, tandis que le *second acquéreur*, acquérant malgré la transcription et coupable ainsi de mauvaise foi ou d'une faute y équivalant, prescrira par dix ou vingt ans.

Tertius ayant possédé dix ans depuis l'acquisition de Secundus, celui-ci soit encore admis à lui tenir le même langage. Tertius ne répliquerait-il pas avec raison : je ne vois pas comment, parce que j'ai acquis avant vous, je puis me trouver dans une position plus fâcheuse que si j'avais acquis après vous ; cela serait absurde. N'est-il pas évident, en effet, que si le titre ne pouvait être opposé à celui qui a transcrit, ce n'est qu'autant que le défaut de transcription pouvait lui nuire (1). Aller plus loin et soutenir que la transcription du second acheteur empêchera même à partir de son acquisition la prescription du premier, encore une fois, c'est là manifestement user de la transcription, non pas pour fixer la propriété, mais pour donner à la propriété une fois fixée des effets plus étendus que ceux qu'elle comporte naturellement.

Disons maintenant que la solution qui vient d'être insinuée est impossible, parce qu'elle est arbitraire. On ne saurait soutenir sérieusement que la prescription avec titre ne courra que du jour de l'acquisition de celui auquel on l'oppose, parce que la transcription aurait ainsi pour effet d'interrompre le cours de la prescription ou de fixer le délai à partir duquel elle courra. Or, c'est là un effet qui n'est point de sa nature ; c'est ce que personne ne contestera et c'est pourquoi il est inutile d'insister.

Dès lors et si d'une part il est inadmissible qu'il faille plus de dix ans à la prescription pour s'accomplir, à partir du jour de l'acquisition de celui auquel elle est opposée ; si, de l'autre, il est également inadmissible qu'elle ne court que du jour de cette acquisition, il faut proclamer qu'elle commence au jour du juste titre et que le défaut de transcription ne fait point obstacle à son cours.

La thèse ainsi établie par elle-même, que peuvent contre elle des arguments d'analogie ou d'histoire. Voyons-les toutefois.

Et d'abord, dit-on, il était de règle que dans les pays de nantissement la prescription avec titre ne courait que du jour de l'ensaisinement. M. Troplong cite Ricard, sur la coutume d'Amiens, qui atteste cette règle ; mais M. Troplong semble se

1. Légalement parlant, c'est-à-dire dans les limites du but de la transcription.

défier lui-même de l'autorité qu'il invoque, car il ajoute : « nous faisons cette remarque pour montrer que ce système n'était pas sans analogie avec celui de la loi du 23 mars 1855, quoique nous nous gardions de les assimiler. » Et vous faites bien, et, quoi que vous disiez, il n'y a pas l'ombre d'analogie réelle, toute apparente qu'elle soit. Voici le droit qui régissait les propriétés dans les pays de nantissement : il n'y a point de terre sans seigneur, selon la parole déjà ancienne des établissements de saint Louis qui ne font que consacrer des maximes du droit féodal, issu lui-même du droit germanique (1) ; et la propriété émane du seigneur. Elle n'est transmissible que par la formalité du *vest*, par laquelle on est *ensaisiné*. Le seigneur ou l'autorité compétente n'a investi que celui-là même qui a acquis, et voilà pourquoi là même où régnait la règle : *le mort saisit le vif son hoir*, on admettait qu'elle n'avait pas lieu en ce qui touche le seigneur : le fils n'est *saisy ni possesseur du fief de feu son père*, car le *seigneur direct est saisi avant l'héritier*. Il résultait de là que l'*ensaisiné* ne pouvait perdre le domaine et le transmettre à un autre que par le *devest* qui le dessaisissait, qui faisait retourner la terre au seigneur, lequel *adhéritait* l'acquéreur. Tant que cette investiture n'avait point eu lieu, la propriété restait entre les mains du vendeur, tant à l'égard du seigneur, plus tard de l'autorité publique, tant à l'égard des tiers qu'à l'égard de l'acquéreur lui-même. C'est-à-dire que la propriété n'avait pas été transférée même à l'égard des parties contractantes (2).

M. Laferrière a comparé cet état de choses à la mancipation *per æs et libram*. Il était impossible de trouver une comparaison plus juste ; il y a même là plus qu'une comparaison ; il y a un fait complétement identique à la translation du domaine quiritaire, qui n'était possible que par un réel dessaisissement et par un réel investissement, solennellement opérés. Et à Rome aussi le vendeur restait propriétaire et avait la revendication contre l'acquéreur.

1. Voy. Laferrière, Histoire du Droit franç. t. VI, p. 163 ; Troplong, Transcript. hypoth., n° 4 et suiv.

2. Voy. sur ces points Laferrière, Hist. du dr., t. VI, p. 32, 163 et 380, et les autorités qu'il cite ; Troplong, n° 7, et les autorités qu'il cite.

Il est vrai que dans les pays de nantissement, l'acheteur avait une action contre le vendeur resté propriétaire, pour forcer ce dernier à procéder aux devoirs de loi (1), action pareille à celle que le Droit romain et notre Droit donnent, pour se faire remettre la propriété de la chose, à celui envers lequel on s'est engagé par un *mutuum*. Mais enfin jusqu'à ce que le *vest* et le *devest* eussent été accomplis, le vendeur était exclusivement propriétaire.

Il est clair que l'acquéreur n'avait point de juste titre à faire valoir ; il n'y avait pas eu transmission même apparente de propriété ; l'investiture était alors précisément ce qu'est aujourd'hui le simple consentement. Il était logique jusqu'à un certain point de refuser la prescription au possesseur qui n'avait point acquis ou qui avait acquis frauduleusement. Mais aussi il serait complètement illogique d'appliquer cette règle aujourd'hui qu'il y a vraiment eu translation de propriété.

On invoque ensuite l'analogie tirée d'une loi du 11 brumaire an VII sur le régime hypothécaire et les expropriations forcées, et l'on dit qu'elle « voulait également que la transcription fût nécessaire pour faire courir la prescription avec titre et bonne foi. » L'argument nous semble vicieux et la raison en est que cette loi et l'art. XXV dont il s'agit sont relatifs aux expropriations forcées et à l'adjudication qui en est la suite. Et il y est disposé que la revendication des biens adjugés ou toute action réelle dirigée contre eux se prescrira par dix années, à partir de la transcription du jugement d'adjudication, qui forme le titre de l'acquéreur. On remarquera d'abord qu'il s'agit ici de la prescription de l'action dirigée contre l'acquéreur, tandis que dans notre problème il s'agit de l'usucapion de l'acquéreur. Cette observation n'est pas une subtilité de théorie ; elle a son importance en ce que la question se trouve totalement déplacée. On comprend parfaitement que, s'agissant de limiter l'action en revendication du véritable propriétaire, dont on a vendu la propriété à son insu, on ait exigé qu'il soit averti par tous les moyens de publicité possible, et c'est pourquoi la loi précitée fait courir le délai de la prescription non-seulement à partir de la transcription, mais encore à partir de la première percep-

1. Troplong, n° 7 ; Merlin, Nantissement, § Ier, art. 7.

tion des fruits. La transcription se fait au bénéfice d'un propriétaire certain auquel on enlève sa chose. Il n'y a là absolument aucune atteinte portée à la prescription et à sa nature; c'est tout simplement la fixation du point à partir duquel court la prescription de la revendication. Dans l'hypothèse que nous discutons, c'est tout autre chose; ce n'est point la question de savoir si la prescription de l'action en revendication du premier acquéreur qui n'a point transcrit contre le second acquéreur qui a transcrit ne courra qu'à partir de la transcription; c'est la question de savoir s'il y a matière à usucapion. En somme, dans le premier cas on réglemente et on limite l'action incontestée d'un propriétaire incontestable; dans le second, on demande qui est propriétaire et l'on recherche les conditions mêmes de la propriété. Il n'y a donc point d'analogie.

Ce qui est décisif à cet égard, c'est que la prescription de l'art. XXV de la loi de brumaire est une prescription fixe de dix ans, aussi bien quand le propriétaire est absent que quand il est présent.

Ce qui l'est encore, c'est que cette disposition se trouve, comme on l'a dit, dans la loi du 11 brumaire an VII sur les expropriations forcées et qu'il n'y aucune disposition analogue dans la loi du 11 brumaire an VII sur le régime hypothécaire et la transcription.

Du reste, le système de la loi de brumaire a été abandonné depuis. L'art. 781 de l'ancien Code de procédure et l'art. 717 du nouveau ne reconnaissent plus à l'adjudicataire un droit particulier. Ils disposent que «l'adjudication ne transmet à l'acquéreur d'autres droits que ceux appartenant au saisi». Il en résulte que l'adjudicataire n'est plus protégé par la prescription de l'action au bout de dix ans; mais il en résulte aussi que, l'adjudication formant pour lui un juste titre, il usucapera soit par dix, soit par vingt ans, et indépendamment de la transcription du jugement d'adjudication.

Reste l'analogie tirée de l'art. 2180, qui statue que la prescription par le tiers-détententeur d'un immeuble hypothéqué est la même que celle de la propriété; mais que si la prescription suppose un titre, elle ne court que du jour de la transcription du titre.

Il est à remarquer que cette disposition existait avant le système de publicité établi par la loi de 1855. Et, en effet, il y a à cette règle des raisons particulières que, dans son commentaire des hypothèques, M. Troplong a parfaitement expliquées ainsi : « La transcription requise par notre article ne se lie pas à la transmission de la propriété entre les mains de l'acquéreur — on convient que sans la transcription l'acquéreur est pleinement et parfaitement propriétaire — la transcription n'est ici demandée que pour avertir les tiers créanciers hypothécaires que l'immeuble affecté à leur hypothèque a changé de mains. Malgré l'aliénation, le débiteur principal peut continuer à jouir de la chose hypothéquée à titre de location, rétention d'usufruit, constitut précaire, etc. Il faut donc que la transcription fasse connaître aux créanciers qu'il y a eu aliénation, afin qu'ils puissent prendre les mesures nécessaires pour interrompre la prescription et conserver leurs droits. — C'est dans cet esprit qu'avait été rédigé l'art. 115 de la coutume de Paris, qui voulait que la prescription ne courût pas contre les créanciers, s'ils avaient eu juste motif d'ignorer l'aliénation, *puta*, si le débiteur était resté en possession de l'héritage à titre de location, rétention d'usufruit, constitut précaire, etc. » En effet, le créancier hypothécaire qui a opéré l'inscription de son hypothèque doit avoir une foi entière en cette inscription qui est publique et qui existe au moment où le tiers-détenteur acquiert l'immeuble. On comprend qu'on ait cherché à garantir contre la prescription l'inscription dont il s'agit par un acte qui lui est analogue, la transcription. Que si l'on objecte que, d'après cela, il faudrait du moins aussi exiger la transcription pour faire courir le délai de la prescription, lorsque le prescrivant se trouve en face d'un propriétaire dont le domaine est consolidé par la transcription, nous répondrons que là précisément doit se trouver la différence, et la raison en est que ce propriétaire est en faute de laisser s'accomplir la prescription, tandis qu'on ne peut rien reprocher de semblable au créancier hypothécaire. La disposition de l'art. 2180 a donc sa source dans des raisons toutes spéciales, pareilles à celles qui ont également fait exiger la transcription dans l'art. 2181 qui dispose que l'acquéreur, se proposant de purger, est préalablement tenu de faire transcrire son contrat. Il ne faut donc pas en tirer argument contre la solution proposée.

XIV.

Une donation révoquée pour cause de survenance d'enfants peut revivre par un acte confirmatif auquel adhère le débiteur et passé par-devant notaire.

Il est vrai que l'art. 964 du Code civil dispose formellement que les donations révoquées par suite de survenance d'enfants ne peuvent revivre, ni avoir de nouveau leur effet par *aucun acte confirmatif;* il est vrai aussi que cette règle est une suite de l'aversion du législateur pour les donations entre vifs, aversion manifestée par l'appareil de formes qu'il sème autour d'elles à peine de nullité, par la défense de ratifier une donation vicieuse quant à la forme, et enfin par la disposition dont il est question : d'où il résulte qu'il ait semblé vouloir imposer aux parties la nécessité d'une donation toute nouvelle, la première étant considérée comme n'ayant jamais existé, la seconde ne pouvant dès lors s'y référer. Mais s'il en est effectivement ainsi, il est bon pourtant de ne point rendre plus rigoureuses des dispositions rigoureuses. Résolvons sévèrement les difficultés qui se rattachent aux donations, soit ! mais dès que nous aurons satisfait l'esprit exigeant et méfiant de la loi, gardons-nous d'aller au delà. Or, voyons ce qu'elle a prétendu. Quand une donation est vicieuse en sa forme, elle ne peut être confirmée, selon l'art. 1339; pourquoi? parce qu'elle constitue un contrat essentiellement solennel; que dès lors autoriser la confirmation, ce serait rendre illusoires les dispositions de la loi. Supposez une donation faite par acte sous seing privé; plus tard vous la confirmez, soit tacitement en l'exécutant, soit expressément au moyen d'un autre acte sous seing privé. Il est clair que dans un cas comme dans l'autre, le but que s'est proposé le législateur est manqué et que vous arriverez ainsi, si la confirmation était possible, à faire de la donation un simple contrat consensuel. Il était donc nécessaire de dire que nulle en la forme, elle doit être refaite dans la forme légale. La question est plus douteuse si la confirmation avait lieu par acte authentique; il semble cependant que celle-ci serait nulle, par la raison que la donation faite sous seing privé constituait une fraude à la loi et que l'on ne saurait admettre la ratification d'un acte frauduleux, d'un acte que la loi reprouve et désavoue. Maintenant revenons à notre problème. La loi déclare révoquée de plein droit toute donation, par suite de survenance d'enfants au donateur; mais cette donation existe légalement, avec tous les effets qu'elle doit produire, jusqu'au jour de la naissance d'un enfant. Ce n'est qu'alors qu'elle rentre dans le néant. De là aussi la nécessité logique d'une nouvelle donation, l'ancienne étant comme si elle n'avait jamais existé. Mais, en outre, que voulait le législateur en exigeant qu'elle soit refaite à nouveau? C'était de frapper l'attention et de provoquer les réflexions du donateur par la solennité de l'acte. Si donc l'acte confirmatif a lieu solennellement, dans les formes voulues pour les donations, n'est-il pas absolument l'équivalent d'un acte portant donation. C'est un acte confirmatf, oui; mais en apparence plutôt qu'en réalité; en fait, c'est un nouvel acte de donation, qui pour les détails de la libéralité se réfère à un document antérieur, document sans valeur légale, mais qui n'étant pas et ne pouvant être frauduleux, n'est pas réprouvé par la loi comme document. Je suppose donc qu'une donation a été faite à Primus par Secundus des biens A, B, C, D; elle se trouve révoquée à l'occasion de la paternité de Secundus. Secundus, qui veut la faire revivre, se rend chez un notaire et, sous les conditions exigées pour les donations entre vifs, déclare confirmer la première donation. N'est-on pas dans la même position que si Secundus déclarait à nouveau donner et donner les biens A, B, C, D? La première donation figure-t-elle ici autrement que figurerait, par exemple, la vente qui eût été faite antérieurement à Secundus de ces mêmes biens, puisqu'il n'y aurait aucun obstacle à ce que l'on fasse en bloc donation des biens acquis, par telle cause indiquée au contrat.

En un mot, la seule volonté de la loi est que la nouvelle disposition soit conforme aux règles qui régissent les donations; dès que cette condition est remplie, il serait trop rigoureux de rester en dehors du droit commun.

Quant aux tiers, leur intérêt sera suffisamment sauvegardé par la transcription.

XV.

Les biens dotaux sont grevés de l'hypothèque légale qui incombe à la femme comme tutrice de son mari.

XVI.

Étant admis que, d'après la loi, la dot mobilière est naturellement aliénable, il faut dire encore qu'on ne pourrait pas stipuler, dans le contrat de mariage, son inaliénabilité.

XVII.

L'inaliénabilité ne peut être établie pour un temps seulement, soit que le terme soit *ad diem* ou *a die*. Elle ne peut davantage être établie sous condition.

XVIII.

La femme qui s'est réservé dans son contrat de mariage la faculté d'hypothéquer ne peut pourtant pas constituer une hypothèque en faveur des créanciers antérieurs au mariage. Ou du moins elle ne le peut qu'avec l'autorisation du juge.

XIX.

La femme peut aliéner ses immeubles dotaux pour l'établissement de ses enfants naturels.

XX.

Ce n'est pas à l'idée *de grosses réparations* qu'il faut s'attacher, mais à l'idée de la *conservation de l'immeuble*, pour savoir si la dot est aliénable; ainsi elle pourrait l'être, selon les cas :

Pour des réparations d'entretien;

Pour des constructions nouvelles;

Pour de simples mesures de précaution, par exemple, pour payer des polices d'assurance.

XXI.

En cas d'expropriation pour cause d'utilité publique, le remploi doit également avoir lieu. S'il n'a pas lieu, la revendication, il est vrai, ne sera pas possible, mais l'acquéreur paiera une seconde fois.

XXII.

Les époux ne peuvent pas stipuler que la dot restera inaliénable dans les cas d'exception où la loi en autorise l'aliénation.

XXIII.

L'inaliénabilité des immeubles dotaux ne s'établit à l'égard des tiers que si le contrat de mariage dont elle émane a été transcrit.

Voici un cas qui semble se soustraire à la nécessité de la transcription; mais nous croyons que l'esprit, sinon la lettre de la loi, le comprend, car, ainsi qu'on l'a vu, il faut admettre que la loi sur la transcription est une loi de droit commun, s'appliquant à tous les actes qui, par leur nature ou leur but, ne s'opposent pas à cette application.

Que faudra-t-il transcrire? Est-ce toute la propriété? n'est-ce que le droit d'usufruit du mari?

M. Troplong n'a envisagé la question qu'à l'égard des tiers ayant acquis des droits antérieurement au mariage, et il la résout fort bien par une distinction.

Si, dit-il, la constitution de la dot est universelle ou à titre universel, la transcription est parfaitement inutile pour sauvegarder la jouissance du mari, attendu que celui-ci étant usufruitier universel ou à titre universel, est nécessairement tenu de toutes les dettes ou d'une quote-part des dettes de la femme.

Si, au contraire, la constitution est à titre particulier, la transcription est nécessaire pour sauver son droit d'usufruit contre des tiers qui n'auraient pas encore fait transcrire leurs titres d'acquisition ou inscrire leurs hypothèques avant le mafiage. Quant à la nue-propriété, les acquéreurs ou les créanciers hypothécaires pourront toujours agir sur elle (1).

Ces points, qui supposent des droits antérieurs au contrat de mariage, nous paraissent incontestables ; mais le savant auteur s'arrête à ces données étrangères en elles-mêmes à l'inaliénabilité du fonds et des fruits, de ceux qui sont consacrés à l'entretien des charges du mariage. C'est sous ce dernier aspect qu'il faut considérer le problème.

Donnons un exemple : le contrat de mariage des époux est passé le 1er janvier 1858 et suivi du mariage ; il n'est pas transcrit ; le 1er janvier 1859, l'immeuble dotal est vendu à un tiers. Celui-ci pourra-t-il agir à la fois sur l'usufruit et sur la nue-propriété ?

Au premier abord, il semble évident que oui, il semble que la transcription doit précisément avoir pour effet de mettre en garde les tiers-acquéreurs contre des aliénations renfermant un germe d'éviction. Mais la question n'est pas aussi simple, et au moment où nous écrivons, elle fait pour nous l'objet du plus sérieux embarras.

En effet, il est certain que la loi de la transcription est étrangère aux relations de l'acquéreur et du propriétaire ; il est certain que son but n'est que de régler les rapports des tiers entre eux (2) ; il est certain enfin qu'elle n'a point pour effet de protéger les acquéreurs contre les vices du contrat d'aliénation et l'incapacité de l'aliénateur (3). Cela étant, voici ce qu'il y a à dire pour refuser à l'acquéreur de l'immeuble, dont la dotalité n'a pas été rendue publique, le droit d'en saisir la nue-propriété : la transcription était parfaitement inutile pour vous, acquéreur ; comment pouviez-vous exiger que moi, femme (ou mon mari, ce qui revient au même), je fasse transcrire un acte qui ne me dépouille en rien de ma propriété ; n'est-il pas sensible qu'à l'égard de la nue-propriété, cette transcription serait absurde ? Transcrire quoi ? le néant, en définitive, puisqu'il n'y a aucune mutation et que les choses sont ce qu'elles étaient auparavant. A la bonne heure, transcrivez le droit d'usufruit,

1. Commentaire de la loi du 23 mars 1855, nos 87 et 88.
2. Troplong, Comment. de la loi de 1855, n° 143.
3. *Ibid.*, n° 213.

puisqu'il y a une translation réelle de ce droit sur la tête de mon mari; mais quant à la nue-propriété, il n'y a rien, encore une fois, que puisse saisir la transcription. Je suis devenue incapable, voilà tout. Supposez que je sois tombée en démence et que j'aie été interdite, faudra-t-il transcrire l'interdiction pour avertir les tiers de mon incapacité? Certainement non.

Et à ces raisons s'en joignent d'autres; car qui donc fera opérer cette transcription? La femme? Mais il est clair que ce moyen répugne au régime dotal, établi contre sa faiblesse; il se peut que ses parents n'aient consenti au mariage qu'à la condition que sa dot fût inaliénable, clause dont elle se souciait fort peu et qu'elle éludera en ne faisant point transcrire. Les parents de la femme? Mais enfin, s'ils le font, peut-être aussi ne le feront-ils pas, et certainement, dans ce cas, aucune responsabilité ne leur incomberait. Le mari? Mais précisément il s'en gardera pour se soustraire à la gêne de l'indisponibilité et, quelle que puisse être sa responsabilité, la garantie attribuée à la dot n'en disparaîtrait pas moins. Le notaire enfin? Mais le notaire n'est nullement responsable en principe du défaut de transcription, et quand il l'est, ce n'est que comme mandataire des parties(1); la loi ne lui a point fait l'injonction que, dans une circonstance spéciale, elle a faite à l'avoué(2).

Il faut reconnaître que cette théorie, appuyée sur ces considérations, paraît irréfutable et pourtant il y a en nous comme un cri d'équité qui proteste contre elle et nous engage à ne la laisser passer qu'après avoir du moins épuisé nos efforts dans la recherche d'une réponse qui lui puisse être opposée.

Marcadé dénie aux créanciers chirographaires antérieurs au mariage le droit de saisir la nue-propriété des biens dotaux, parce que, dit-il, ils ont passé du patrimoine *libre* de la femme dans son patrimoine *inaliénable*, absolument comme ils eussent passé dans le patrimoine d'un tiers. Nous repoussons cette fiction en vue du résultat qu'il prétend en tirer; mais ici, et précisément en vertu des mêmes raisons qui nous la font rejeter là, ne peut-on pas l'admettre? Est-il bien vrai que, dans cette occurrence,

1. Troplong, *ibid.*, n° 138.
2. Loi du 23 mars 1855, art. 1.

la nécessité de la transcription de l'acte portant inaliénabilité soit contraire à la loi de 1855, contraire surtout à son esprit? N'est-il pas vrai que *mutatis mutandis* il est tout à fait indifférent pour les tiers, en faveur desquels la nouvelle loi a été décrétée, qu'un bien soit devenu inaliénable (employons le mot, malgré son inexactitude) parce qu'il a passé entre les mains d'un tiers ou qu'il le soit devenu tout en restant entre celles de la femme? Et dès lors l'analogie n'est-elle pas on ne peut plus complète.

Quant à l'objection tirée de l'incapacité de la femme, oui, sans doute, il y a incapacité; mais il faut bien se garder de se payer de mots. En réalité, l'incapacité ne réside pas dans le sujet, mais bien dans l'objet; la femme en principe est capable; c'est le fonds qui est insusceptible de translation, d'où résulte, mais seulement par voie de conséquence, l'incapacité des époux de l'aliéner; mais enfin l'incapacité porte non sur la personne, mais sur le fonds; absolument comme le fonds déjà vendu à un premier acquéreur ne saurait être aliéné une seconde fois par son ancien propriétaire.

Du reste, nous parlions tout à l'heure de l'interdiction. Eh bien! le Code civil exige qu'elle soit rendue publique par un tableau affiché dans les études des notaires de l'arrondissement et dans la salle du tribunal (1). Ce n'est pas un argument que nous entendons donner, mais s'il en est de la sorte, c'est qu'il nous paraît aussi que chaque fois qu'un propriétaire s'est dessaisi volontairement de ses droits, ce cas doit certainement rentrer dans la loi sur la transcription.

Mais par qui, dira-t-on, celle-ci sera-t-elle effectuée? Nous répondons : par la personne qui y a intérêt, quel que soit du reste cet intérêt; par la femme, si c'est elle qui a stipulé l'inaliénabilité pour recouvrer sa dot intégrale; par ceux qui la lui ont constitué, s'ils veulent que les conditions qu'ils posent s'accomplisent.

S'ils ne le font pas, tant pis pour eux; l'acquéreur leur dira : tout propriétaire peut aliéner sa propriété; pour moi, d'après la loi nouvelle, est propriétaire celui qu'une transcription sur les registres publics ne me désigne pas comme s'étant dessaisi

1. C. Nap., art. 501.

de cette faculté d'user de son droit ; vous vous en êtes dessaisi, cela est vrai en théorie ; mais à mon égard en aucune façon, car votre dessaisissement, qui procède d'un fait volontaire, m'est resté inconnu ; il fallait m'avertir que vous aviez fait sortir ce bien de votre patrimoine libre pour le faire passer dans votre patrimoine inaliénable.

En effet, cette hypothèse de deux patrimoines n'est pas ici une fiction, c'est une réalité ; il est évident qu'à l'égard des tiers une partie du patrimoine est libre, une partie non libre ; et que pour cette dernière, et toujours à leur égard, la situation est absolument celle dans laquelle se trouverait une femme, capable du reste, qui aliénerait un objet précédemment aliéné. Donc, encore un coup, l'argument d'analogie est d'une puissance extrême.

Quoi qu'il en soit, nous sommes convaincu que cette solution sera combattue par des esprits judicieux, se fondant sur ce que la loi, en définitive, voit deux acquéreurs en face d'elle. Mais qu'on n'oublie pas de se demander si le cas ordinaire et fréquent, dans lequel se place la loi, par cela seul qu'il n'est question que de ce cas, exclut le nôtre. Peut-être, quelque jour, changerons-nous d'opinion ; nous nous contenterons aujourd'hui d'avoir attiré l'attention des jurisconsultes sur ce problème aussi important que délicat.

XXIV.

Le remploi de l'immeuble dotal, dont l'aliénation est autorisée sous cette condition par le contrat de mariage, peut être effectué après la dissolution du mariage : dans ce cas les créanciers qui ont contracté pendant la durée du mariage ne peuvent saisir l'immeuble remployant.

Personne n'ignore que, sous le régime de la communauté, l'acceptation de la femme est utilement faite postérieurement à l'acquisition, mais qu'elle doit nécessairement être antérieure à la dissolution du mariage. Qu'en notre matière, cette acceptation puisse avoir lieu après l'acquisition, c'est indubitable. Mais faut-il qu'elle soit forcément faite avant la dissolution du mariage; si elle est postérieure, sera-t-elle entachée de nullité? On le dit. Nous nous permettons pourtant de nous séparer de l'opinion reçue jusqu'à ce jour. C'est ici qu'il est vrai de dire que l'analogie cesse d'exister et qu'il serait déraisonnable de transporter les règles de communauté au régime dotal. Sous la communauté, lorsqu'un immeuble est acquis en remploi, et que la femme n'a pas accepté, il y a présomption, et c'est à juste titre, que cet immeuble est un conquêt. Or, cela est-il admissible ici? Non, car l'immeuble appartiendrait alors au mari ou bien retournerait dans la main de son propriétaire. Or, comment supposer qu'un immeuble mis à la place d'un immeuble dotal puisse appartenir au mari, ou plutôt pourquoi le vouloir lorsque la femme consent à le retenir? Où sont les inconvénients qui se rencontrent, en effet, devant un pareil acte sous la communauté? Où sont surtout les avantages exorbitants qui en résulteraient pour la femme au détriment d'un patrimoine commun qui n'existe pas? C'est pour que la femme ne puisse pas après coup frustrer ce patrimoine, qu'elle est tenue d'accepter avant la fin du mariage; mais ici aux dépens de qui s'enrichirait-elle? pas aux dépens de la fortune du mari, puisque sa fortune et celle de sa femme sont deux étrangères qui ne se connaissent pas, et qu'il ne peut se plaindre, comme il le pourrait sous la communauté, qu'une acceptation tardive était de la part de sa femme une spéculation frauduleuse ou tout au moins suspecte. L'immeuble remployé ne saurait donc être acquis au nom du mari, encore moins à la société conjugale. On ne voit donc pas pourquoi, le mariage dissous, il serait interdit à la femme d'accepter; tout donne au contraire à penser qu'elle en a le droit, car, encore un coup, tant qu'elle ne fait pas annuler le remploi, l'immeuble n'est que la représentation de l'immeuble dotal aliéné (1).

D'autres auteurs, MM. Aubry et Rau, nous opposent encore une raison, qui paraît spécieuse au premier abord; ils déci-

1. *Contra* Benech, n° 88. — Rodière et Pont, n° 555 (557). — Troplong, n° 3419. — Dalloz, n° 4047. — Nîmes, 12 juillet 1839. — Grenoble, 7 avril 1840, Sir., 1842, 2, 5. — Lyon, 11 avril 1840. — Cassat., 27 avril 1842, Sir., 1, 619. — Cassat., 17 décembre 1855, Sir., 1856, 1, 207.

dent que le remploi n'est plus possible après le mariage, car il en résulterait «que les intérêts de la femme ou de ses héritiers ne seraient pas complétement garantis, puisque ceux mêmes des créanciers de la femme qui n'auraient point d'action sur les biens dotaux pourraient exercer leurs poursuites sur l'immeuble prétendument acquis en remploi, après la dissolution du mariage.» Cette objection, cherchée un peu loin, est introduite ici avec une extrême habileté. Quoi qu'il en soit, nous prétendons l'attaquer de front. Nous nions que les créanciers, dont les titres ont pris naissance au cours du mariage, aient la faculté de saisir l'immeuble acquis en remploi à sa dissolution. Sans doute, tout immeuble qui entre dans le patrimoine de la femme, quand l'union conjugale n'existe plus, est aliénable et saisissable, et le motif en est que cet immeuble n'a jamais été dotal. Mais ici les choses se passent autrement. L'immeuble remployant n'entre pas, à proprement dire, dans le patrimoine de la femme du jour de la prise de possession réelle et effective qui en est faite; il est censé y être entré du jour même de l'aliénation de l'immeuble dotal; il n'y a pas un instant qui ait pu exister, pendant lequel un immeuble quelconque (soit l'immeuble remployant, soit l'immeuble remployé) n'ait été dotal et inaliénable; tant que le remploi n'était pas réalisé, l'immeuble primitif n'avait perdu aucun de ces caractères. Donc l'immeuble remployant, quand il est acquis postérieurement, revêt les qualités de l'immeuble dotal du jour où celui-ci est sorti des mains de la femme. Dès lors il n'est pas exact de dire, à un autre point de vue, que le fonds acquis en remploi arrive à la femme complétement libre et disponible, le mariage ayant cessé, absolument comme il en serait d'immeubles qu'elle acquérerait à cette même époque par succession; il y a cette différence entre ces deux hypothèses que, dans la première, l'immeuble n'est que la représentation d'un immeuble dotal; c'est l'immeuble dotal lui-même sous une autre espèce. Pourquoi, cela étant, n'en prendrait-il pas les qualités? *Subrogatum capit substantiam subrogati.* La femme (ou ses héritiers) ne répondrait-elle pas victorieusement à l'action et aux poursuites des créanciers : si l'immeuble dotal était encore en ma possession, il serait hors de votre atteinte; parce que le fonds qui le remplace n'est arrivé qu'après la fin du mariage entre mes mains, vous prétendez qu'il n'a pu être dotal; mais remarquez que le remploi est uniquement établi en ma faveur; pour vous il est étranger et vous ne pouvez en arracher aucun bénéfice; que vous importe donc que le remploi s'effectue postérieurement au mariage; vous ne pourriez saisir même dans ce cas; autrement, par cela même que j'ai usé d'une faveur qui m'appartient exclusivement, cette faveur se métamorphoserait en un privilége odieux.

Concluons en renversant la proposition de nos maîtres et disons: si, en supposant le remploi effectué après la dissolution du mariage, les créanciers sont impuissants à exproprier l'immeuble remployant, rien ne s'oppose à ce que la femme effectue ce remploi à cette époque.

XXV.

La question de savoir si les époux, en stipulant que leurs biens seront dotaux, ont entendu adopter le régime dotal, est une question de fait, non de droit.

On se dispute vivement à l'école comme au palais, sur le point de savoir si, lorsque le contrat de mariage dispose que tels biens seront *dotaux*, ces expressions constituent adoption du régime dotal. Ceux qui soutiennent que non se fondent sur ce que la dotalité ne résulte que de termes formels, sans équivoque possible (1). On y répond que cette équivoque n'existe pas, parce que si le substantif *dot* s'entend tout aussi bien de la dot ordinaire, de la dot sous tous les régimes, il n'en n'est pas de même de l'adjectif *dotal*, l'usage ne l'attribuant qu'au régime de ce nom.

Nous conclurons par l'observation que voici: c'est que c'est là une question de fait plutôt qu'une question de droit, et ce n'est que si le contrat de mariage ne fait pas ressortir ce que les époux ont entendu par *biens dotaux*, qu'elle se transformera en question de droit. Et alors il faudra la résoudre par la négative, car, quoi qu'en dise Marcadé, il est possible que les parties se soient servies du mot *dotal*, comme elles se seraient servies de la périphrase *constitué en dot*, et par conséquent le doute surgit.

1. Voy. notamment Aubry et Rau.

Nous ajouterons aussi et surtout que si le contrat de mariage, impuissant à éclairer le juge sur l'intention des contractants, émanait d'une province inconnue du régime dotal, de l'Alsace, par exemple, l'emploi de cette expression ne saurait en aucune façon asseoir une présomption de dotalité. Si, au contraire, il s'agissait d'une province, telle que le Languedoc ou la Guyenne, où le régime de la dot forme, en dépit du Code Napoléon, le droit commun, il y aurait lieu de se laisser aller plus facilement à la conclusion que c'est ce régime que les époux ont choisi.

XXVI.

Les fruits indisponibles de la dot peuvent être revendiqués entre les mains des acquéreurs et détenteurs en nature ou en indemnité.

On voit que la question se complique de la maxime : *en fait de meubles la possession vaut titre.*

Mais il convient de faire ici plusieurs distinctions :

Si les fruits ont été vendus ou constitués en gage ou donnés gratuitement, aliénés enfin, de quelque manière que ce soit, et qu'ils se trouvent encore en la possession de l'acheteur, du donataire, du créancier gagiste, il n'y a pas même lieu à invoquer la règle de l'art. 2279. Il s'agira, dans cette hypothèse, de la simple annulation d'une vente, d'une donation, d'un gage, fondée sur le motif que la chose ainsi aliénée n'était pas susceptible de l'être.

Il n'en est plus ainsi lorsque les fruits ont été transmis, par celui qui a contracté avec le mari ou la femme, à un sous-acquéreur. Celui-ci aurait droit d'invoquer la possession, si l'inaliénabilité n'existait pas ; mais il ne peut s'en prévaloir, car que signifie en définitive la règle : *en fait de meubles la possession vaut titre*? Le sens le plus large qu'on lui a donné et que nous adoptons est que la seule possession, en fait de meubles, constitue effectivement un véritable titre, un titre aussi légitime que la vente, la donation, etc. ; et qu'ainsi est impossible leur revendication contre quiconque les possède. Mais si la possession vaut titre, elle ne saurait valoir davantage, et la première condition pour qu'elle puisse être invoquée, c'est que, à l'égard des objets sur lesquels on l'invoque, il y ait possibilité d'asseoir un titre quelconque.

Ceci compris, nous demanderons ce que c'est qu'une chose inaliénable. Il semble que toute équivoque soit impossible et qu'une chose inaliénable est une chose qui se trouve hors du commerce, une chose qu'il n'est par aucun moyen possible de soustraire à la destination à laquelle elle se trouve affectée, une chose enfin que, sous aucun prétexte et à la faveur d'aucun titre, un fait nouveau et étranger ne peut venir jeter de son chef dans la libre circulation. En un mot, ce qui n'est pas dans le commerce ou ce qui est inaliénable se trouve dans une situation fixe, immobile, morte, que la volonté privée est impuissante à modifier. Aussi voyons-nous l'art. 1598 statuer que les choses qui ne sont pas dans le commerce ne sont pas susceptibles d'être vendues, et l'art. 2226 qu'on ne prescrit pas ce qui n'est pas dans le commerce. Ces articles ne sont pas la position du principe; ils n'en sont que des conséquences, mais des conséquences forcées et immédiates.

Maintenant n'est-il pas clair que la règle : *en fait de meubles possession vaut titre*, est une règle exotique sur le sol où nous nous trouvons. En vain le détenteur du mobilier dotal dira-t-il : vous ne pouvez revendiquer ; je possède. On lui répondra : vous possédez ou vous ne possédez pas, comme il vous plaira. Mais ce qui est certain, c'est que la loi vous défend ici de posséder ; votre possession est illégale, parce qu'elle tend à vous faire acquérir une chose qui n'est pas susceptible d'acquisition ; elle est illégale, parce qu'elle n'est pas susceptible d'une possession autre que la mienne; elle est illégale, parce que cet objet est soustrait au commerce et que votre appréhension a pour effet de le faire rentrer dans le commerce ; elle est illégale, parce que la loi, parlant dans l'art. 2279 d'une possession, n'entend certainement parler que d'une possession qu'elle tolère et non d'une possession qu'elle prohibe, une possession destinée à protéger le tiers de l'incapacité du disposant, non d'une possession impossible, la nature de la chose y répugnant ; elle est illégale enfin, parce que si une chose qui n'est pas dans le commerce peut y entrer par la possession, la règle qui la met hors du commerce n'est plus qu'un leurre et une absurdité sans nom.

Faut-il pousser à bout cette démonstration? Qu'est-ce en

dernière analyse que la règle posée par le premier alinéa de l'art. 2279 (1)? Ce n'est autre chose que la consécration de la propriété des meubles par le seul fait de la possession instantanée, par le seul fait de l'appréhension, appréhension et possession qui constituent un titre légitime, absolument comme la possession après un certain laps de temps est pour les immeubles la sanction du domaine; possession par usage continu, par l'usucapion, titre indéfectible de la propriété foncière; voilà ce que c'est, ni plus ni moins: pour les meubles, possession sans temps; pour les immeubles, possession avec temps.

Soutiendra-t-on que la règle de l'art. 2279 contient quelque chose de plus? viendra-t-on dire qu'elle est générale ou plutôt universelle et qu'elle domine celle qui est appelée à soustraire les meubles qui ne sont pas susceptibles de passer d'une main dans une autre, et qui sont cloués par la loi dans tel et tel patrimoine?

Cette conclusion serait à rebours des principes les plus fondamentaux. Si, entre ces deux règles il y en a une qui doive dominer l'autre, il est plus qu'évident que c'est celle qui soustrait la chose au commerce, si ce n'était que par le motif que cette règle subsistant, la seconde trouverait toujours son application pour les objets qui n'y sont pas soustraits, tandis que si celle-ci prévalait, la première n'aurait plus d'objet. Mais, nous

1. On a dit que la maxime *en fait de meubles possession vaut titre* constitue une prescription instantanée, et nous avons plus d'une fois, à la Faculté, et dans les cours et dans les examens, entendu critiquer cette définition. Une prescription, une usucapion instantanée, disait-on, c'est une absurdité; acquérir par l'usage par la jouissance, c'est-à-dire après un certain temps et à la fois dans le seul instant de la détention, c'est absurde. Pour éviter la plus petite difficulté, nous nous sommes abstenu d'employer ces expressions; mais, à notre avis, elles ne sont pas si absurdes qu'on le pense. Laissons le mot de prescription de côté et ne prenons pas le mot d'usucapion dans le sens rigoureux des Romains. Eh bien! ne pourra-t-on pas parler d'une usucapion instantanée? Ne pourra-t-on pas dire qu'on acquiert le meuble par l'usage d'un moment? Quand je l'appréhende, j'en use, j'en jouis dans l'instant où je l'appréhende, et il y a certainement là une usucapion, une appréhension, une usucapion par l'usage, par la jouissance instantanée, sans aucun laps de temps.

le répétons, cela est surtout impossible par la façon dont est formulé l'art. 2279 : *en fait de meubles possession vaut titre ;* or, encore une fois, si la possession est équivalente ici à un titre, si de plus, comme cela est incontestable, une chose hors du commerce ne peut fournir l'occasion d'aucun titre légitime, c'est que cette possession n'a pas plus de puissance qu'un titre, lequel n'en aurait aucune ; c'est qu'une chose hors de commerce ne peut pas donner prise à une possession dont les effets seraient ceux d'un titre, et que dès lors cette possession n'est pas de nature à conduire à la propriété, ni à sauver le tiers de la revendication.

L'art. 2279, d'ailleurs, en parlant simplement de la possession, en n'ajoutant rien de plus, n'a en vue qu'une possession ordinaire, la possession d'une chose qu'il est permis de posséder, et c'est par conséquent jeter sa disposition hors de ces termes et hors de son esprit que de conclure qu'il déroge aux principes qui régissent les choses qui ne sont pas dans le commerce et qu'il comprend dans sa teneur une possession que la loi ne reconnait pas comme efficace et qu'elle dépouille de ses effets.

Quelle pétition de principe, d'ailleurs, que celle qui s'appuierait sur l'art. 2279, pour établir le sens de l'art. 2279, et en réalité, lorsqu'on affirme que les meubles, quoique inaliénables, ne peuvent être revendiqués contre un tiers, n'est-ce pas là ce qu'on fait ?

Si donc, comme il a été dit, la seule différence (et ce n'est pas seulement discutable) entre les immeubles et les meubles consiste en ce que les premiers, pour être à l'abri de la revendication, doivent faire l'objet d'une possession, plus un délai de trente ans, tandis que pour les seconds il faut cette même possession, moins ce délai ; si c'est là la seule différence, il est de toute évidence que s'il y a une certaine classe d'immeubles régis par des principes spéciaux qui ne donnent pas prise à cette possession, les meubles qui rentrent dans la même classe et qui sont régis par les mêmes règles ne s'y prêtent pas davantage ; or, le domaine des immeubles qui ne sont pas dans le commerce n'est jamais l'objet d'une possession effective ; donc la propriété des meubles qui ne sont pas dans le commerce n'asseoit pas davantage une possession de ce genre.

Qu'on ne nous dise pas que nous sommes plus dotaliste que les plus ultra-dotalistes ; que cette solution répugne à tous les principes du Code sur le droit de suite des objets mobiliers ! Nous convenons de l'un et de l'autre, mais nous sommes dans le régime dotal, dont toutes les règles font bigarrure avec le génie de nos institutions civiles ; et quand un principe est posé, il faut en tirer les conséquences qui en découlent et non des conséquences qui y seraient diamétralement contraires.

Et d'ailleurs, s'il en était autrement, la loi serait une lettre morte. L'inaliénabilité, sans sanction, ne serait plus l'inaliénabilité ; s'il était possible de saisir les fruits, soit sur l'acquéreur, soit sur le sous-acquéreur, l'inaliénabilité eût été inutile quant à l'entretien de la famille qu'elle doit assurer, puisqu'elle ne l'assurerait pas; elle serait donc violée, ce qui est inadmissible.

Ce sont, il faut le reconnaître, des effets exorbitants, des effets qui constituent une atteinte des plus graves à la possibilité des transactions, à la sécurité des tiers, à la sainteté de la morale juridique, mais ils sont d'une logique irréfragable. En voici encore qui ne sont pas moins rigoureux, mais toujours inévitables.

Si, comme nous croyons l'avoir établi, l'acquéreur et le sous-acquéreur détiennent indûment les fruits nécessaires au ménage, ils sont tenus d'en rembourser aux époux la valeur jusqu'à concurrence de leurs besoins, dans le cas où ils les auraient consommés, ou transmis, soit l'acquéreur au sous-acquéreur, soit celui-ci à des sous-acquéreurs ultérieurs : de la même façon que l'acheteur qui aurait détruit ou détérioré le fonds dotal serait tenu à une indemnité.

Détestons ces conséquences, *dura lex ;* mais acceptons-les, *lex enim ;* et dans notre humble rôle de commentateur et d'interprète, n'essayons pas de nous y soustraire par des biais plus ou moins ingénieux (1).

1. Les systèmes des auteurs, celui de M. Troplong d'une part celui de MM. Rodière et Pont de l'autre, qui veulent que le mari ne puisse pas même distraire les fruits indisponibles de la saisie des créanciers, mène à une décision toute opposée.

DROIT COMMERCIAL.

I.

Les appels des jugements des juges de paix, sur des demandes relatives au contrat d'apprentissage, doivent être portés devant le tribunal de commerce.

II.

La convention des parties peut investir comme juges (et non simplement comme arbitres) les conseils des prud'hommes de la connaissance des contestations pour les marques entre fabricants et marchands et des difficultés entre un fabricant et ses contre-maîtres relatives aux opérations de la fabrique.

III.

La cour impériale, saisie de l'appel d'un jugement déclaratif de faillite, peut, tout en reconnaissant que la faillite n'existait pas et que le tribunal a eu tort de la déclarer, mais en reconnaissant en outre qu'elle existe actuellement et qu'elle est la suite du jugement même et de la situation faite au commerçant par ce jugement, maintenir l'état de faillite. Mais alors elle devra fixer à un temps postérieur au jugement l'époque de la cessation des paiements.

DROIT CRIMINEL.

I.

La surveillance de l'action publique appartient aux cours impériales dans tous les cas et dans toutes les phases de la procédure. Elles peuvent toujours mander le procureur général devant elles pour lui ordonner de poursuivre ou de lui rendre compte des poursuites commencées, sans distinguer entre le cas où le procureur général serait resté dans une complète inaction et celui ou il eût pris lui-même l'initiative des poursuites [1].

II.

Il n'y a d'homicide par imprudence que lorsque l'homicide est le résultat immédiat de l'imprudence.

1. Jugé en sens contraire par la cour de cassation, le 12 juillet 1861, par un arrêt annulant une délibération de la cour de Colmar.

III.

Il ne peut y avoir crime de viol de la part d'un mari sur la personne de sa femme. Le fait dégénère toujours en attentat à la pudeur.

IV.

Le mari qui commet un attentat à la pudeur sur la personne de sa femme ne doit pas être considéré comme rentrant dans la classe des personnes qui ont autorité sur la victime ; et sa qualité n'est pas une circonstance aggravante du crime.

La jurisprudence est contraire à l'opinion que nous venons d'émettre. Se basant sur le principe que la femme doit obéissance à son mari, et sur l'autorité légale de ce dernier, elle lui rend applicable l'aggravation de peine édictée par l'art. 333 du Code pénal. Nous ne pensons pas que cette théorie soit dans l'esprit de la loi. Il est hors de doute que le mari ait une autorité légale sur sa femme ; mais il nous semble que ce n'est pas l'autorité légale, mais l'autorité de fait que le législateur a eu en vue. C'est pourquoi, s'il punit d'une peine plus sévère les ascendants de la victime qui ont à la fois l'autorité légale et l'autorité de fait, il étend sa sévérité aux instituteurs, aux ministres du culte, qui n'ont que l'autorité de fait. Ce que la loi a voulu réprimer, c'est le caractère du coupable qui rend tout ensemble le crime plus odieux et plus facile, plus facile en ce sens que la victime devait moins redouter l'acte de personnes revêtues d'un tel caractère. Eh bien ! sous ces deux rapports le mari ne peut pas être confondu avec ces personnes, et nous n'hésitons pas à dire que l'acte est moins odieux que s'il avait été commis même par une personne ordinaire, et que, d'autre part, on ne peut considérer, en pareille matière, la femme comme n'ayant pas dû se tenir plus particulièrement en garde contre son mari ou comme ayant dû se fier à lui à l'égal d'un père, d'un ministre du culte, d'un instituteur. Il nous paraît évident que l'attentat à la pudeur, commis par le mari, est moins grave que l'attentat ordinaire, parce qu'il n'est que l'abus de ce qui est légitimement permis entre époux.

V.

La cour de cassation, en cassant un jugement en dernier ressort rendu par un tribunal de police, peut indifféremment renvoyer la connaissance de l'affaire à un maire ou à un juge de paix, pourvu qu'elle ne soit pas de la compétence exclusive de ce dernier.

VI.

La désertion à l'extérieur n'existe que dans le cas où le déserteur franchit la frontière, en quittant son corps, et dans le cas où, après avoir déserté à l'intérieur, il passe à l'étranger, ne fût ce qu'un instant, pour se dérober aux poursuites. Mais ce délit ne résulte pas nécessairement du simple fait de franchir le territoire étranger. Ainsi celui qui, déserteur à l'intérieur, et habitant une commune frontière, mettrait le pied sur le sol étranger, pour y faire une promenade ou un voyage momentané, sans intention d'y déserter ou de se dérober aux poursuites, ne serait pas coupable de désertion à l'étranger.

VII.

Les conseils de guerre, en prononçant l'acquittement ou l'absolution d'un accusé sur le crime ou le délit qui lui était imputé, peuvent retenir la connaissance du fait comme infraction aux règlements relatifs à la discipline et lui appliquer la peine portée en l'art. 271 du Code de justice militaire [1].

VIII.

Quoique les conseils de guerre ne puissent statuer sur les droits de la partie civile, celle-ci peut cependant se présenter pour conclure à la condamnation de l'accusé.

1. Nous avons soutenu deux fois cette théorie devant le conseil de guerre de Strasbourg, fondée sur le principe général que, lorsqu'un fait déféré à une juridiction supérieure est déqualifié à l'audience et rentre dans le domaine d'une juridiction inférieure, la juridiction supérieure reste saisie. A cela le commissaire impérial nous objectait l'argument *a contrario*, tiré de l'art. 271. Mais il est clair que l'argument ne vaut pas ; car tout ce qu'il est permis d'en conclure légitimement, c'est qu'on ne peut point déférer directement au conseil la connaissance des infractions à la discipline. Il s'agissait, les deux fois, du délit de désertion, et l'élément matériel était acquis au procès ; mais nous contestions l'élément intentionel et nous concluions subsidiairement à ce que le fait fût seulement qualifié d'absence illégale. Mais le conseil de guerre a chaque fois évité de se prononcer, en acquittant purement et simplement les accusés.

DROIT CONSTITUTIONNEL.

I.

Les tribunaux ne sont pas liés par les décrets qu'ils jugent inconstitutionnels, et ils peuvent ainsi ne point y avoir égard.

Néanmoins ce droit cesse, si le Sénat en a prononcé la constitutionalité, pourvu que sa décision soit rendue en la forme d'un sénatus-consulte dûment promulgué.

II.

Le Sénat a le droit d'annuler non-seulement les actes inconstitutionnels proprement dits, mais tous les actes contraires à la liberté, à la religion, à la morale, et même à la loi. L'art. 29 de la Constitution doit s'interpréter par l'art. 26 et surtout par l'art. 25.

DROIT ADMINISTRATIF.

I.

Le conflit d'attribution ne peut être élevé devant un tribunal de paix ou de commerce.

II.

Lorsque l'exécution de travaux publics a pour résultat la suppression de la force motrice d'une usine légalement établie sur un cours d'eau, cette suppression ne constitue qu'un dommage permanent et non une expropriation [1].

III.

Le recours contre l'abus commis par le chef de l'État contre le culte ou le ministre du culte ne pourrait être déféré qu'au Sénat.

1. Jugé en sens contraire dans la même affaire par le conseil d'État et la cour de cassation; dans le sens du dommage permanent, conseil d'État, 15 mai 1858; dans le sens de l'expropriation, Cassation, 21 mai 1853.

IV.

L'évêque doit être considéré comme personne intéressée, toutes les fois que l'abus, bien que non dirigé contre lui et ne le lésant pas directement, rejaillit sur lui par contre-coup; et il peut, en cette qualité, émettre l'appel.

V.

Lorsqu'un délit est concomitant à un abus, il ne peut être poursuivi judiciairement sans la décision préalable du conseil d'Etat, qu'autant que le fait incriminé ne réunit pas les deux conditions suivantes; qu'il ait été accompli dans l'exercice du culte, qu'il soit inhérent au culte.

VI.

Le conseil d'Etat, en statuant sur l'abus, n'a pas le droit de défendre ou d'autoriser les poursuites judiciaires.

VII.

L'abus peut être poursuivi, bien qu'il ne soit pas notoire.

VIII.

La décision du conseil d'Etat en matière d'abus a le caractère de la chose jugée.

DROIT DES GENS.

I.

La violation par une des parties belligérantes d'une loi de la guerre fondée sur un principe d'humanité et de civilisation n'autorise pas l'autre partie à commettre la même violation, lorsque du reste cette violation ne lui serait d'aucune utilité et ne serait pas de nature à rompre l'équilibre des chances réciproques.

Vu par le professeur soussigné, président de l'acte public.
Strasbourg, le 24 mai 1862.
LAMACHE.

Vu par le doyen de la Faculté,
le 20 mai 1862.
C. AUBRY.

Permis d'imprimer.
Strasbourg, le 26 mai 1862.
Le Recteur de l'Académie,
DELCASSO.

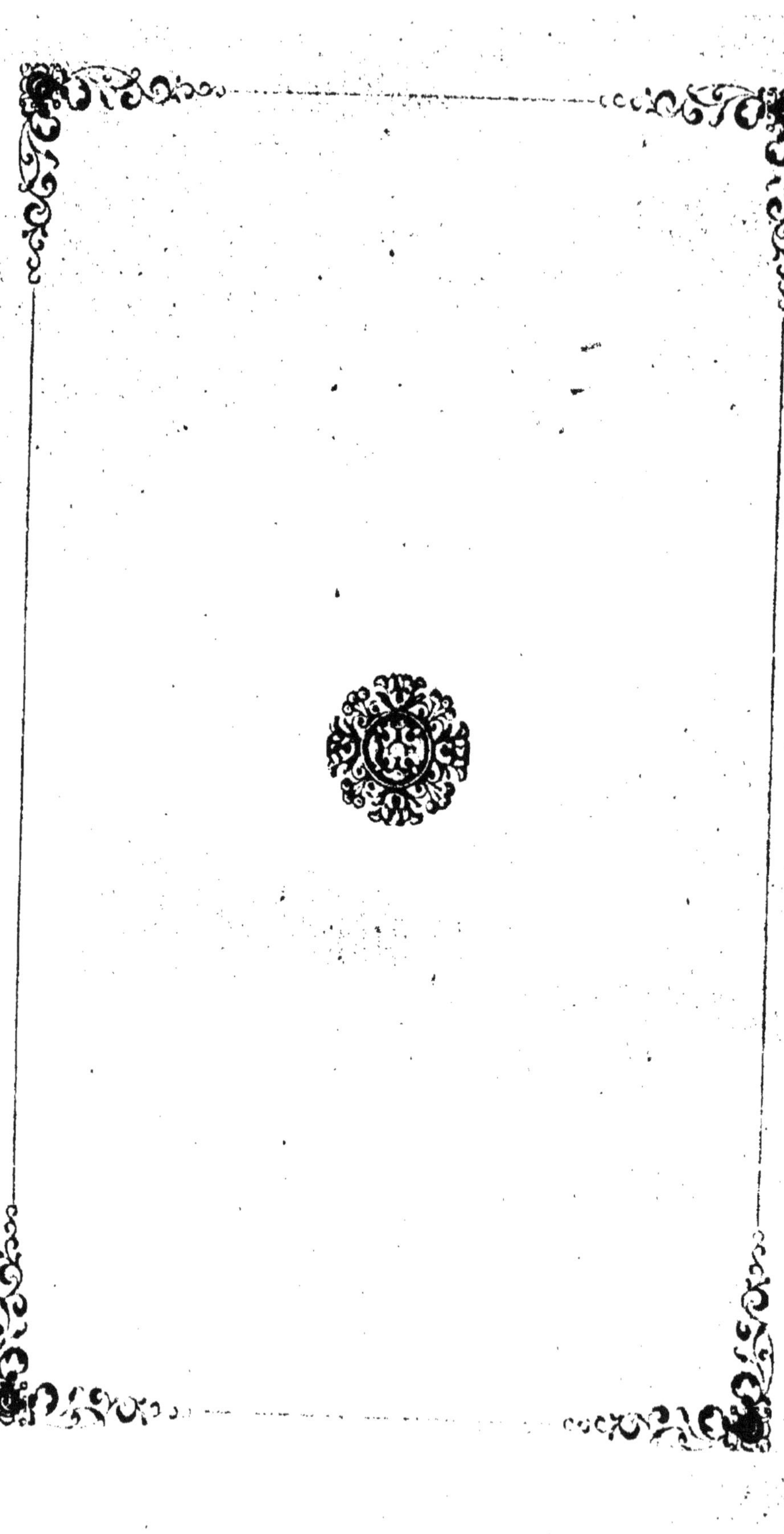

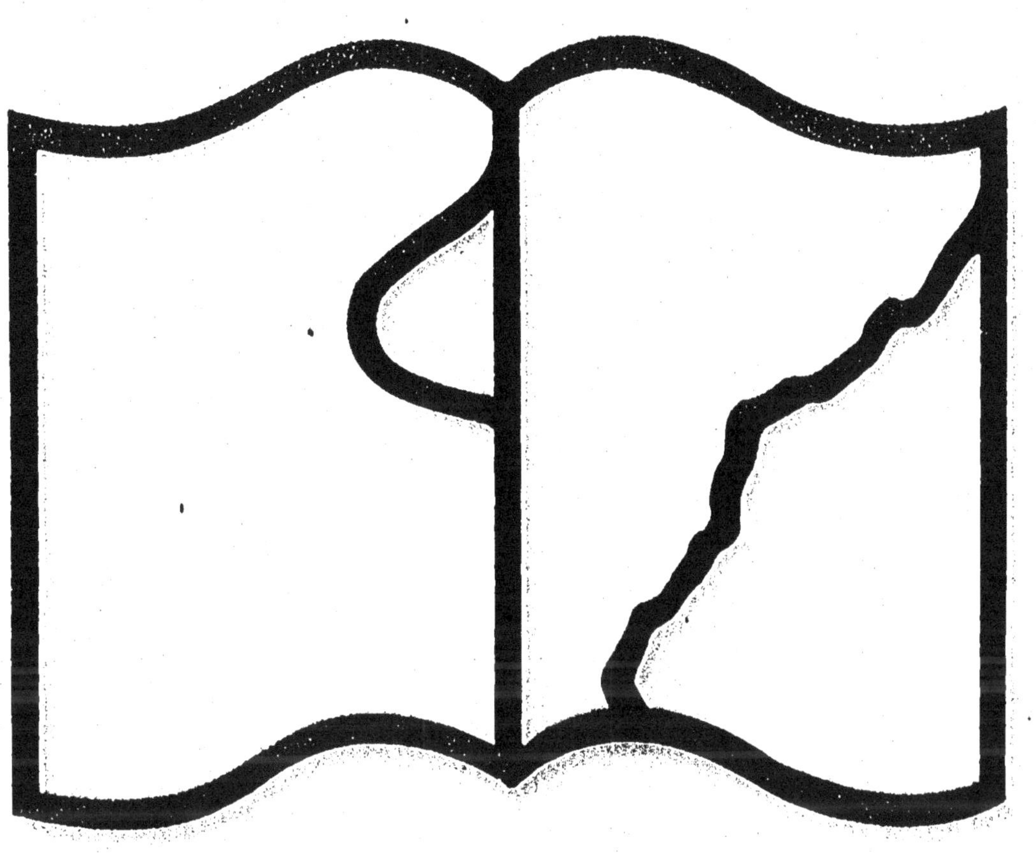

Texte détérioré — reliure défectueuse

NF Z 43-120-11

www.ingramcontent.com/pod-product-compliance
Ingram Content Group UK Ltd.
Pitfield, Milton Keynes, MK11 3LW, UK
UKHW020331230726
13925UKWH00002B/745